改訂

フードサービスの課題とクックチルの活用法

飲食店、惣菜から給食分野まで

楠見五郎

幸書房

推薦のことば

現在、フードサービス業界においては人手不足の解消、生産性の向上や経営改革の手段として調理・生産システムの見直しが求められている。その手段として、クックチルをはじめとする新調理システムが着目されている。そのような中、本書は体系的にクックチルシステムを説明し、事例を通してその活用と成功の秘訣を紹介した実用書である。本書のタイトルは「フードサービスの課題とクックチルの活用法」であり、クックチルは調理して、冷却、保冷、再加熱する調理法であるが、このクックチルはシステムとして捉える必要がある。　システムとは日常的にも用いられる言葉であるが、複数の要素が体系的に構成され、相互に影響しながら、全体として一定の機能を果たすことである。フードサービスが抱える様々な問題をクックチルシステムで解決するためには、施設・設備、人員と作業工程、食材や献立計画、さらに食品衛生等のすべてを網羅した計画と運用が必要となる。

特に本書では、筆者である楠見氏の幅広い経験と深い洞察から、第２章の「食分野別のクックチル利用法」では、９業種のクックチルの活用を具体的に示していることも特徴である。クックチルの導入を検討中の読者や、日々の業務に悩む読者にとっては、機器の特性や作業工程に関する記載は参考になることであろう。また、第５章「クックチルシステムの導入を成功させるために」では、過去の苦労例、失敗例が示されている。新システムの導入はメリットが強調されても、その盲点や限界が記述されることは少ない。それらを通して成功に至る方策を示し、成功か失敗であったかを問い、運営を評価している本書は「クックチルの採用・運営マネジメント」のバイブルでもある。

よって、本書を通して、多くの方々がクックチルを適切に、有効に活用され、フードサービスが抱える多くの問題・課題が解決する糸口となることを願っている。

2023年７月

日本女子大学 家政学部 食物学科
教授 松月弘恵

推薦のことば

この本は非常に分かりやすい。『失敗をしないためのクックチル入門書』であり、これからクックチルに取り組む人たちにとって必読の書です。この本を読み、今まであまり意識しなかった食事作りでの問題・課題を再認識する事ができます。21世紀の新しい時代の食事作りを担う皆様にとって最適な食事提供システムを学ぶことができます。

「食事の命は安全です」、食事は健康をつくりますが、命を奪うこともあります。安全で、安定した美味しさの料理をより良い調理環境で作るために是非、読んで欲しい本です。

私は、一般社団法人「日本医療福祉セントラルキッチン協会」副代表理事を担っておりますが、楠見五郎さんとのお付きあいは、もう20年来になり、みやぎセントラルキッチンの建設準備をする時からです。当時は、見学や指導的なセントラルキッチンの施設もなく、課題にブチあたると、『クックチルの図書館的』のような、豊富な知見を持った楠見さんに助けを求め、丁寧なご指導を受けたものでした。

厨房現場からつくりあげられたこの“フードサービスの課題とクックチルの活用法”の書は、きわめて実践的な著書であり、現場としては助かります。

新調理システムの導入と指導をするものとしても『クックチル入門書』として、わかりやすい書籍です。クックチル調理の教科書として推薦いたします。

セントラルキッチンやフードサービスに従事する方々への参考書として、この本を是非お勧めいたします。

2023年7月

一般社団法人 日本医療福祉セントラルキッチン協会
副代表理事 吉 田 雄 次

はじめに

1990年、当時所属していた厨房機器販売会社の社命によりロンドンに滞在して英国人コンサルタントのもとでクックチルとHACCPを学んだ後、私はその会社が販売していたスチームコンベクションオーブンとブラストチラーがホテルや給食市場に導入されるように、クックチルシステムのコンサルティングを始めることになった。当時はスチームコンベクションオーブンがまだ日本に入り始めた時期であり、ブラストチラーは旧式のモデルが機内食工場でしか使われていなかった時代であった。

最初は複数の社員食堂の集中調理センターの計画と立ち上げをいくつか担当して、次にはホテルの宴会調理場へのクックチル導入が仕事になり、東京と大阪にあるホテルの宴会調理が変革期を迎えたことを記憶している。1994年には日本で初めての患者食調理へのクックチル導入に関与した。医療と福祉分野でのクックチル導入は2000年頃からさかんになり、今では大病院の患者食はクックチルなしでは高い安全性を確保できないという認識が広まっている。

それから現在まで病院、高齢者施設、ホテル・結婚式場などの宴会場、旅館、社員食堂、独身寮、障がい者授産施設、和食店、フランス料理やイタリア料理などのレストラン、弁当工場、惣菜工場、惣菜店、学校、機内食工場、医療食と高齢者食の集中調理施設など多岐にわたる食作りの現場へのクックチル導入を手伝ってきた。

料理人でも、厨房機器メーカーの設計者でもなく、単に工科系の学校を出ただけの私にとって、食と厨房機器と衛生の世界はすべて新しく勉強することばかりであった。日本のクックチルの創生期という非常に多忙な時でもあったが、興味を持って日々仕事に取り組むことができたと思っている。

そして食について素人であるからこそ疑問に思うことが時々あった。親しくなった病院の栄養科長を何度目かに訪ねた時に偶然にも新メニューの試食会に同席することになり、前に置かれた料理を食べようとすると科長から待つように指示があり、20分位待つことになった。患者は温かい状態で食べていないので冷めるまで待ちなさい、というのである。これは私にとっては病院食についての衝撃的な経験となったが、冷めた料理を出さないように温かく提供する方法をなぜ考えないのかとなかば憤りを感じた。おそらく病院食を作っている人たちは、食数が多いので仕方がないとでも思っていたのだろう。その後、英国、ドイツ、フランスなどに何度も出張する機会があり実情を調べたところ、国により異なるが、60 ～ 65℃以上の適温提供が普通に行われていた。適温提供をするために、病棟単位での配膳や中央配膳であれば再加熱カートを使用していた。ついでながら日本ではニュークックチルという言葉が普通に使われているが、再加熱カート方式のクックチルは欧州では40年以上前から行われていて決して「ニュー」ではない。日本においては、スチームコンベクションオーブンによる再加熱に対して新しいことからニュークックチルという言葉を使ったようであるが、もちろん英語圏でその言葉を使っても全く通じない。私自身はこの言葉は適切でないと思っているので使わないことにしている。

衛生管理は面白い勉強のテーマである。調理とその成果物としての料理は、科学的な因果関係があることは間違いないが解明されていないことが多い。それに比べると食品衛生については、一般人が関わる範囲のことはほとんどが解明されている。少なくとも日々私たちが直面している食中毒菌やウイルスについては科学的に知られていてほぼすべて理屈通りに増えたり、死んだり、生息または寄生するところまでもわかっている。クックチルや真空調理で安全で美味しい料理を調理提供しようとするなら調理技術と衛生管理の両方の知識が必要となる。衛生は理屈でわかっていても管理するのは様々な性格をもった人たちである。清潔好きな人、ルールを守る人、基本的な衛生知識をつけてあげれば応用できる人がいる反面、他人が見ていないところでは手を洗わない人やルールであるにもかかわらず加熱調理終了時に芯温記録を面倒だからと適当にする人もいる。

人の教育と育成が重要である。経験と勘は大切であるが科学的に調理を考えることが技術を裏付けることになる。衛生については食中毒発生やノロウイルス感染症になる仕組みと主原因を知識として取得して、守るべきルールを食品を取り扱うスタッフに繰り返し言い続けることになる。教育と育成の役割を与えられても相手が人間なので思うようにいかないことを楽しむことができるようになれば指導者として一人前なのかも知れない。

さて、本書を書くに至った経緯だが、これまでにいくつかの雑誌、栄養士養成校の教本、日本栄養士会や食品衛生協会が発行している機関誌などに投稿してきた原稿、また、コンサルティング業務を請けた際に使用するテキストも作ってきたのでこれらのものを整理して、1冊の本にまとめる必要を感じていた。そのような時に、当時勤めていたエレクター株式会社の社長から本を書いてみないかとの言葉をいただいた。背中を押される感じであり嬉しい思いで、渡りに船とばかりに即座に「書きます」と返事をしたことが本作りの出発点となった。

内容は計画調理が可能な様々な食分野についてクックチル、真空調理、クックフリーズの実際の利用法を解説すること。まず、該当する食分野で抱える主要な問題、課題を挙げて、それらがどのようにクックチル等で解決または軽減できるかを説明している。これまでにクックチルの理論的なこと、調理プロセスと必要機器について解説した本は出版されているが、利用法についての解説書が出されるのは初めてであった。

本書が少しでも食の現場で役立ち、安全で安定した美味しさを作り出すために、また、作業の平準化や事前調理を利用することにより、調理する人たちの労働環境が向上することにつながれば幸いである。

最後に、執筆の機会をいただきましたエレクター株式会社様に深く感謝申し上げます。

また、写真および図表の提供と使用許可をいただきました厚地脳神経外科病院様、社会福祉法人浄光会様、および株式会社エフ・エム・アイ様、本書の出版にご尽力をいただいた、株式会社幸書房の夏野雅博氏にお礼を申し上げます。

2023年7月（改訂）

新調理システムコンサルタント

楠見　五郎

CONTENTS

第1章

問題解決への出発点

調理から提供までのフードサービスにおいて、お客様の満足度が高く、お店の健全経営ができていて、調理スタッフの従業員満足が得られていれば、新たな方策を取り入れる必要はないだろう。しかし、そのような3拍子揃ったところは非常に少なく各々が課題や悩みを抱えている。そこでなぜクックチルが必要とされるかを説き、クックチルとクックフリーズについての概説から始めて、現在の給食のクックサーブ方式では“作りたて”を提供できないことを指摘して、クックチルを適切に利用すればクックサーブに優ることを示す。

第1章—1

フードサービスが抱える様々な問題・課題

高い顧客満足度、食の安全性確保、売上と利益の健全性、円滑なオペレーション、高い従業員満足度等が得られていて、先の見通しの明るいフードサービス業は非常に少ないと思われる。食の分野にもよるが、食作りをビジネスとしているところは一つ、二つでは片付かない多岐にわたる問題・課題を抱えて日々の運営をしているのではないだろうか。

一般世帯の可処分所得の減少による外食の機会減少、主婦のフルタイム労働化および単身世帯の増加による惣菜、弁当市場の成長など、社会現象と世の中の仕組みの変化により一般飲食・中食分野は絶え間なく変わりつつある。

給食分野である病院と老人介護施設も、財政難に起因する医療福祉政策の転換や給付の削減、食費自己負担などにより栄養部門単体でみると赤字運営を余儀なくされている。

社員食堂については、企業の従業員の福利厚生の見直しにより、直営から委託への移行も見られる。このように変化の激しい中で、各々の食分野の抱える問題・課題を一つずつ解決、あるいは軽減する努力を重ねている。

解決策を考える場合、お客様からの代金（売上）のみが再生産の原資となる飲食店と、公的保険からの給付や会社の補助があり固定的な客を対象とする給食では、問題・課題が異なり、さらにはホテル宴会、惣菜など各々の食分野で異なる問題・課題を抱えている。

昔から日本の食現場では、スタッフ個人の努力と我慢に頼る傾向が強く、狭くて暑い厨房で調理をすることは珍しくなく、長い労働時間も当たり前の状況が続いてきた。しかし、厨房で中心となる人が辞める、または何らかの理由でいなくなると今まで美味しい料理を円滑に提供できていたお店の運営は一変して品質低下を招き、運営自体が危ぶまれることがある。レストランや割烹なら料理人の個性、技量、センスが売り物でありそれでお客様を引きつけていることになる。経営者がそうしたことを望まず、安定した売上を欲するなら、誰が調理しても同じ品質を維持できるシステム化が必要となる。チェーン展開をするファミリーレストランがその典型的な例である。個性を売る飲食店にも課題はある。料理長が厨房にいなくては一定品質以上の料理が提供できないことである。料理長に代われる料理人を育てることにより課題を解決することもできるが、それでも完全な解決にはならない。答えは部分的なシステム化ということになる。スープ、ソース類をまとめて作って冷凍しておくこと、肉、魚を下処理や調味までして加熱調理の前の段階まで仕上げておくことなどが従来から行われてきている。第2章で解説するレストラン、和食店におけるクックチル、真空調理の利用は、そうした従来のやり方を一歩進めた方法であると理解すれば抵抗なく取り入れることができるのではないかと思う。

一方、給食分野ではレストラン並みの個性は必要ないと言ってよいのではないかと思う。しかし、いずれの厨房においても一人または数名の中心となる調理師が働いている。病院でも施設でも味はその人たちが作っている。そして一定の味を確保しつつ各々のメニューを作るためのコストを前もって算出できるようにレシピがある。といっても、多くの施設はレシピというより食材の配合表といったほうが適切と思えるものを持っているだけである。レシピは、分量だけでなく調理過程のどこで調味料を加えるか、複数の食材を合わせるのをどの時点でするかなどが明確に記載されているはずで、そうしたレシピを備えている厨房は多いとはいえないだろう。給食ではクックチルなどによるシステム化は進めやすい。これまでの経験では、米飯と麺類メニューを除く主菜、副菜の60～80%はクックチルで調理できる。その他のメニューもレシピ（調理手順）を変更することにより適応可能である。

さて、本書の第2章では、病院、社員食堂、特別養護老人ホーム・有料老人ホーム、ホテル宴会場、フランス・イタリア料理店、和食店、弁当・惣菜工場、集中調理センターそして学校という9つの食分野に分けて記述した。各分野に共通する問題・課題もあれば分野特有のものもある。読者に直接関係無い食分野にも問題解決の何らかの新たなヒントが隠されている可能性があるので、ご自分の分野に限らず他の分野の項もお読みいただければ役立つものが必ず見つかると思っている。

持続性のある解決法を考えることが必要である。そのためには常に、食べる人（お客様）、調理する人、経営する人、の3視点から物事を捉えて解決法を見出していくことが肝要である。お客様の満足は言うまでもなく、また、経営が継続的に成立することも、もちろんのこととして、これからのフードサービスは特に従業員満足を十分考慮していくべきであると強く思っている。本書で提案する問題・課題解決方法が、総合的で持続性のあるものとして計画、導入されることを願うものである。

第1章—2

作りたてとは

30年間を超えてクックチルに関わってきたが、はじめの5年くらいはクックチルした料理を“作りたて”ではない“作り置き”だからまずいと思われていて、まずは急速冷却をして再加熱した料理を食べてもらうこと、あるいは冷菜ならそのまま食べてもらい、美味しさを確認してもらうために相当の時間を費やしたという記憶がある。クックチルした料理はもちろん“作りたて”ではないが、“作り置き”でもない。“作り置き”とは加熱調理した後、そのまま置いて（場合によっては放置して）おいた料理を指すと解釈している。クックチルは加熱調理を経た後に強制的に急速冷却し、その後、衛生的に適切に保管しておくシステムである。決して置いておくものではない。しかも単に冷ますのではなく、食材（メニュー）によってはブラストチラーの冷却温度を変え、最適な冷却温度を保ち常に作りたてに近い状態で保存する方法である。

作りたての意味を取り違えている人がいる。学校給食でクックチルが全く許されていない頃に、認可のお願いで文部科学省を訪問したことがある。面談した係官から「学校給食は教育の一環であり作りたてでない食事はそれに反する可能性がある」とコメントがあった。しかし、見方を変えれば調理終了後2時間以内の提供を許容し、現実には1～2時間後に提供している給食は、そのすべてが「作りたて」ではないと言えないこともない。私が定義する「作りたて」とは、お店ならお客様から注文を受けてから作ったり仕上げ加熱するのが作りたてであり、家庭であればその家の主人が仕事から帰宅してから奥さんが焼いたり、炒めたりする料理が作りたてである。

クックチルは、いわゆる「公式」の「作りたて」に優ることを示したいと思う。図1-1は、作りたて、加熱調理後に60分以上温蔵したもの、クックチル、の3通りについて縦軸を品質、横軸を経過時間で示している。ただし、クックチルは本当の時間軸では温蔵1時間よりはるかに右（数日間）に位置するので注意。クックチルを作りたてのすぐ右横に置いたのは作りたてとほとんど変わらないことを示したかったからであり、温蔵が30分を超えるものよりクックチルは優ることである。もっとも美味しくて食材の香り、食味を保てるのは作りたてで、その次に良いのはクックチルである。長い温蔵時間は品質を低下させる。品質維持のためには長時間の温蔵より自然に冷めた料理のほうがまだ良い場合もある。

65℃を超えるような温度帯に料理を置いておくと数十分程度なら温かく提供できるので利点はあるが、30分を超えるころから食材中の水分蒸発が顕著になり、香りがなくなり組織の柔らかさが失われて彩りとして加えた緑色系の食材は変色してしまう。

クックチルは急速冷却により、食品中に細菌が増殖する63～5℃の温度帯を短時間で通過させるだけでなく、作りたての状態を保持する方法である。

ブラストチラーによる急速冷却の最初の段階では、－10～－15℃の冷気を吹き付けて極めて短時間で加熱調理直後の料理表面からの水分蒸発を止めて香りを閉じ込め、余分な熱を取り去りそれ以上に火が入らないようにして食材組織を作りたての状態で保つ。表面からの蒸発が止まると、次の冷却の段階では迅速かつ凍結しないように冷気温度を0℃近辺まで上げて冷却することが理想的な冷却方法である。

さて、学校や病院あるいは老人福祉施設などの給食現場の加熱調理終了から提供までの時間はどれくらいかを考えてみたい。学校は食数規模の大小および自校方式かセンター方式かにもより差が出るが1～2時間以内に提供している。病院は食事が多種類ある中で少量ずつ多品種の治療食は2時間を超えているところもかなりあると思われる。老人福祉施設は刻みやミキサー処理を要する食事が多く、提供までの時間は長くかかる。以上のように給食分野においては、本来の意味での作りたてで提供できているところは1回について20～30食程度までの施設しかないというのが実情であると推定する。本来の意味での作りたては、ほとんどの施設で提供できてないのが実情である。したがって安全性および美味しさの向上の両方でクックチルが注目されることになる。

経済性、円滑運営、調理スタッフの労働環境の向上などでも有利であることも章を追って記したい。

図1-1　クックチル調理の優位性

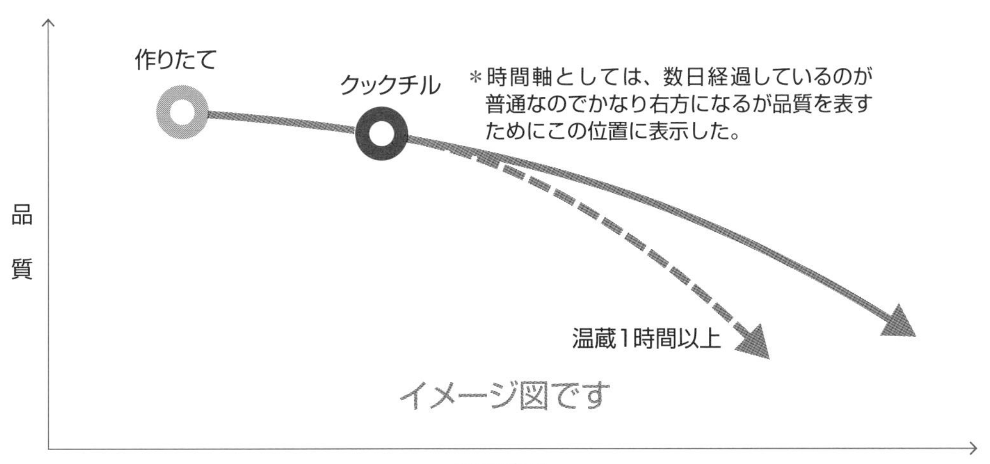

第1章—3

クックチルとは

クックチルは、Cook and Chill であり、加熱調理後すぐに急速冷却する調理法である。これに類する言葉として Cook and Freeze がある。急速冷却の代わりに急速冷凍する方法であり、冷却または冷凍後の保存可能期間に差があるもののどちらも調理作業の合理化のための方法である。クックチルは加熱調理、冷却後に冷蔵すると、加熱調理をした日を１日目として５日目までに消費すれば良い。クックチルの調理プロセスを図 1-2 に示す。この調理プロセスに記された温度と時間のルールは、加熱調理の「75℃、１分間以上」を除いてすべて英国のクックチルの基準（ガイドライン）に基づくものであり、主として温度・時間ルールについての抜粋を参考として附表１に示す。

クックチル、クックフリーズ、真空調理を総称して新調理法と呼称する。この新調理法と従来調理のクックサーブを組み合わせて広範なメニューを提供できるようにした方法を新調理システムと呼称する。各々の調理法を調理プロセス順で説明したものを図 1-3 に示す。

これらの方法に共通する利点は、冷却（０～３℃まで冷却）または冷凍（－18℃以下）により加熱調理と提供を完全に分離できることである。従来調理（クックサーブ）では加熱調理終了後には速やかに提供（消費）しないと生残菌の増殖による食中毒の可能性を生じるが、新調理法では加熱後の食品は危険温度帯を短時間に過ぎ、３℃以下の増殖しにくい温度帯で冷蔵（または冷凍保存）されるために増殖の危険性はなくなる。

もともとクックチルは加熱調理直後の急速冷却を前提とするが、レストランや和食店では完全に火が食材の中心まで入らない状態で冷却または冷凍して提供時の仕上げ加熱まで保管することが珍しくない。このような応用的な調理を含んでクックチル、クックフリーズ、あるいは新調理をしている、というのが現状であり、今後利用がさらに広まれば方法は多様化していくであろう。

実際に、食材やメニューに応じて下処理後、50％加熱後、70～80％加熱後、完全加熱後、または調味しないで他の食材と合わせる前のパーツとしての加熱後など、様々なタイミングで冷却または冷凍が行われている。冷却または冷凍をすることは、その時点で調理プロセスを一旦静止させることを意味し、次の作業は都合の良い時に再開できる。

これに似た合理的な手法は以前から行われているが、それを幅広く採用させるに至った原動力は、ブラストチラーという便利な冷却機および真空包装機である。ブラストチラーは固形物だけでなく液状のスープやソースの急速冷却を手間のかからない簡単な方法で可能にした。真空包装機は液状物の保存を省スペースで可能にして、固形物については霜が付かない冷凍保存と、密封されて細菌等の汚染の心配のない搬送を可能にした。

図1-2 クックチルのプロセス

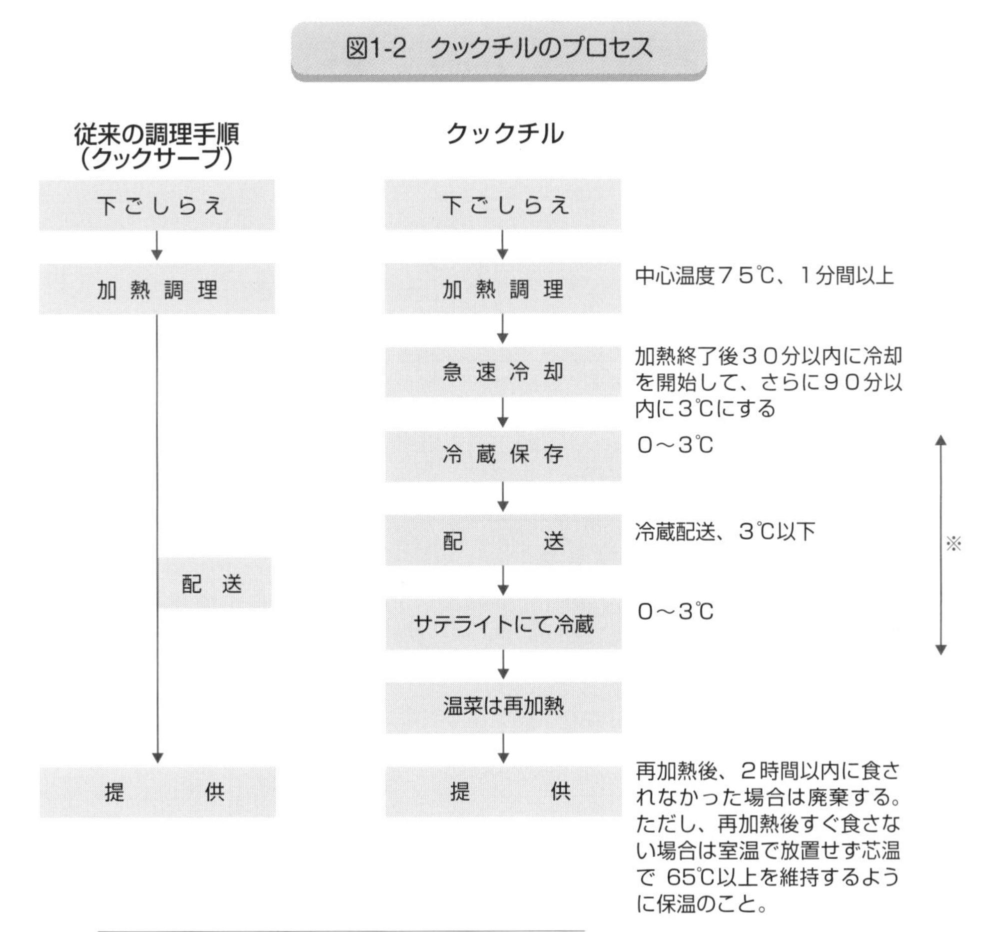

※チルド食品の安全限界は10℃である。保存、配送中にこの温度を超えた食品は廃棄すること。5～10℃に短時間であるが達したものは12時間以内なら再加熱、提供できる。

図1-3　新調理システムの調理プロセス

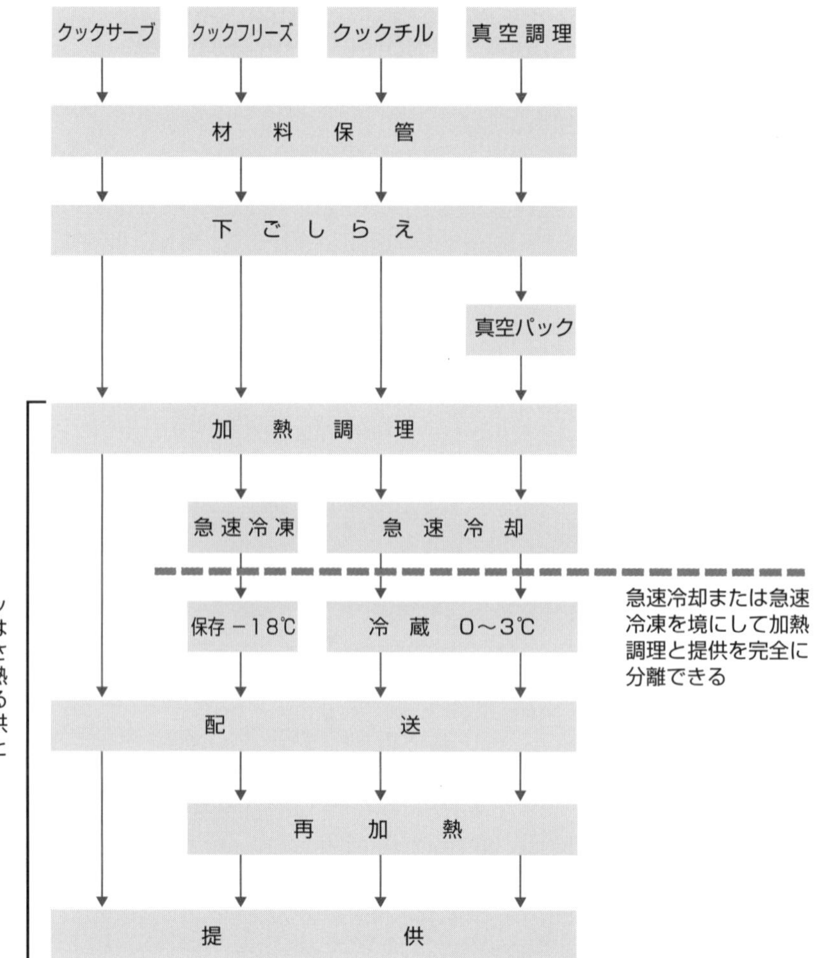

附表1　クックチルのルール

以下は、英国のクックチル・クックフリーズのガイドライン（Chilled and Frozen Guidelines on Cook-chill and Cook-freeze Catering Systems）からの抜粋であり、日本国内でクックチルを実施している施設の多くが採用しているルールである。

1. クックチルした食品の消費期限は調理生産した日と消費する日を含んで5日以内。
   - 3℃以下において増殖する菌がいくらかあるため5日を守ること。
   - 消費期限は菌増殖以外の要因でさらに短い期間にすることがある。
2. 下処理した量が多くてすぐに加熱調理できない場合は10℃以下で保存すること。
3. 加熱調理は中心温度が70℃に達してから2分以上とすること。

＊75℃1分は日本のルールであり、英国のクックチルガイドラインでは70℃で2分以上としている。（ただし、英国をはじめとする欧州の国々では実際の調理作業でのルールは72～75℃くらいで保持時間を決めていない=瞬時のところが多いようである）

4. 加熱調理後に食品を小分けする場合はできるだけ短時間で行い、30分を超えないようにすること。
5. 加熱調理した食品を収容する容器内で食品はできるだけ均等に広げて50mm以内の深さにすること。（肉塊は例外とする）
   - 冷却に要する時間が90分以内であれば50mmを超える深さであっても良い。
   - 冷却に要する時間が90分を超える場合は50mmより厚さを減じて90分以内に3℃までの冷却が終了するようにすること。
6. 加熱調理終了後30分以内に冷却を始めること。
7. 冷却開始後は90分以内に0～3℃まで冷却すること。
8. クックチルした食品は0～3℃で保存すること、配送時も同じ温度ですること。
9. 霜取り時などで極めて短い時間であれば5℃までの食品の温度上昇は許される。
10. 保存または配送中に5℃を超えて10℃に到達していない食品は速やかに消費することとし、最長12時間を超えないように消費すること。
11. 保存または配送中に10℃を超えた食品は廃棄すること。
12. 1ヶ所で再加熱して配る場合は配送に要する時間が15分を超えてはならない。これを守れないことは本来のクックチル、クックフリーズの基本的な目的を破ることになる。
13. 再加熱は冷蔵から取り出した後30分以内に開始しなければならない。再加熱での中心温度は安全と食味のために70℃で2分以上にしなければならない。
14. 品質上の理由から70℃まで再加熱後の食品はできるだけ早く提供しなければならず、再加熱終了後15分以内とする。この間に温度は63℃より下になることは許されない。
15. 冷たい状態または室温で食される食品は冷蔵から取り出した後できるだけ早く食されねばならず、30分以内に消費することが望ましい。

注意：

- 以上のルールは主として時間や温度が数値で明示されている項目である。数値で明示されていない項目には、食味劣化を少なくするためのルールや栄養価を保持するためのルールがある。（省略）

第1章—4

厨房で行うクックフリーズ

前項でクックフリーズについて少し記述したが、クックチルのために導入したブラストチラーの急速冷凍モードでクックフリーズするところが増えているので説明を加えたい。

クックチル発祥の欧州において合理化の方法として使われはじめた最初の方法はクックチルではなくクックフリーズであったと聞く。しかし、冷凍による組織破壊のために野菜などでは従来調理で得られる食感と美味しさが損なわれるために、やがてクックフリーズからクックチルに代わっていったとのことである。そしてクックチルが定着、普及したが冷凍にしても美味しさが変わらない食材、あるいは許容できるものについては保存期間の長いクックフリーズにして、クックチルと併用するのが普通になっている。英国のクックチル／クックフリーズのガイドラインでは、「クックフリーズした食品の保存期間は食品の種類により異なるが、一般的には8週間までであれば栄養または食味において目立った損失はないと考えられる」とされている。日本のスーパーマーケットなどで販売されている冷凍食品工場で生産された加熱調理済みの冷凍食品は、1年以上の賞味期限があるが、ここで対象にしているのはレストランや病院の厨房にあるブラストチラーの冷凍機能または急速冷凍機により冷凍状態にされる食品である。

一般的に知られていることであるが、急速冷凍する際に大切なことは、最大氷結晶生成帯と呼ばれる－1～－5℃を、できるだけ短時間で通過させることである。野菜、肉、魚など多くの食材が凍るのは－1～－2℃近辺であり、水（水分）が凍結する際には0℃の水が液体から0℃の氷（固体）に変わる際の潜熱のために時間を要する。この時間が長いと氷の結晶は大きく（マクロ）生成され、食材の組織破壊が顕著になる。冷凍状態ではわからないが解凍すると食材が細胞内に有していた水分がドリップとして流れ出ることになる。急速冷凍なら氷結晶が微細（ミクロ）になり、氷（固体）になる際の膨張が抑制されて解凍した際のドリップを少なく抑えることができる。

第2章

食分野別の クックチル利用法

　本章では給食分野からレストランや和食店など飲食店、ホテル宴会など広範囲な食分野でのクックチル利用の実際例を紹介する。他分野の利用法がヒントになり、それらを利用することにより自ら行ってきたクックチルの利用範囲が広がり幅広いものとなれば幸いである。

　病院、老人ホーム、社員食堂の給食分野のクックチルは食材に完全に火を通した後に急速冷却することが安全面では正しい方法であるが、レストラン、和食店、ホテルでは仕上げ加熱前のどこかの段階で冷却して一旦調理プロセスを静止させて、高い料理品質を保ちながら、円滑でスピーディな提供を実現するという手段にも利用されている。

第2章—1

病　院

1 問題・課題

入院患者用の病院食については急性期、慢性期、精神科などの病床による違い、また同じ病床分類であっても100床と500床規模の調理から提供までのシステムを同列にして論じることは難しい。病床の種類により入院中の食事の重要度が異なり、床数規模によっても抱える問題・課題がいくらか異なるからである。

病院食は老人ホームと同様に毎日3食、年間365日調理提供される。しかし、老人ホームに比べると厨房運営上では治療食があるために難しさがある。特に急性期の病院では少量多品種の治療食があり、さらに煩雑な調理となる。昼食のみを提供する社員食堂、大量であっても一度に提供するメニューが限られているホテル宴会調理と比較すると、病院食の問題・課題は多岐にわたり、解決の難易度も高いものになる。

主要な問題・課題は、栄養士、調理師を対象に、機会あるごとに収集したアンケートの集計から以下のように要約される。

① 食の安全性確保
② 適温提供
③ 人件費の低減
④ 人手不足
⑤ 美味しさの向上と安定
⑥ メニューの多様化

また、最近の国際情勢の大きな変化により、食料およびガス、石油などのエネルギー源の海外への依存度が非常に高い日本では、病院食の原材料費と水光熱費の高騰が深刻な問題になっている。原材料についてはまとめ買いができ、水光熱については大量生産をするセントラルキッチンが両コストの低減につながる可能性がある。

2 食の安全性と適温提供

最初に最も重要な食の安全性について記述する。安全性は厨房内の衛生状態にも大きく関係するが、根本は調理から提供までのシステム（方法）の問題であるといえる。

人件費を抑えるために日本のほとんどの病院が、中央配膳を配膳方法としていることから問題は始まる。1992年、国は温冷配膳車導入に診療保険からの給付をつけて適温提供の推進を目指したが、保温保冷により適温提供またはそれに近くなる病院と、冷めかけた料理が自然に冷めるのを阻止して中途半端な温度帯に長時間置く結果になる病院に分かれることになった。後者は主として中～大規模病院である。小規模であっても適温で提供しようとする努力を怠ると大病院と同じ結果になる。人の努力に頼る方法はシステムとは言えないのではないかという疑問がある。

厚生労働省の大量調理施設衛生管理ガイドラインに、"調理終了後2時間以内の喫食が望ましい"と記されて以来、病院、学校などはそれを守ろうとしてきた。しかし、365日3食、少量多品種の治療食を含めて2時間以内を守ることは、大規模施設においては非常に困難なことになる。

900床を超える大学病院で、治療食のみを加熱調理後10℃以下まで冷却して同じ日に再加熱・提供をするというクックチルをするところがある。既設の厨房が狭くてクックチル用の冷蔵スペースが取れなかったことが当日クックチルにした理由であるが、この方法の導入を決めた栄養部門の責任者が従来調理のみに頼る方法では必然となる毎食2時間を超えることの危険性をずっと意識してきた結果の解決策である。この病院は厨房の新築移転の際に再加熱カートを導入することを計画している。

病床規模が大きくなると、高いレベルで食の安全性を確保するためにはクックチルが必

図2-1　クックサーブとスチコン再加熱、再加熱カートによる方法の比較

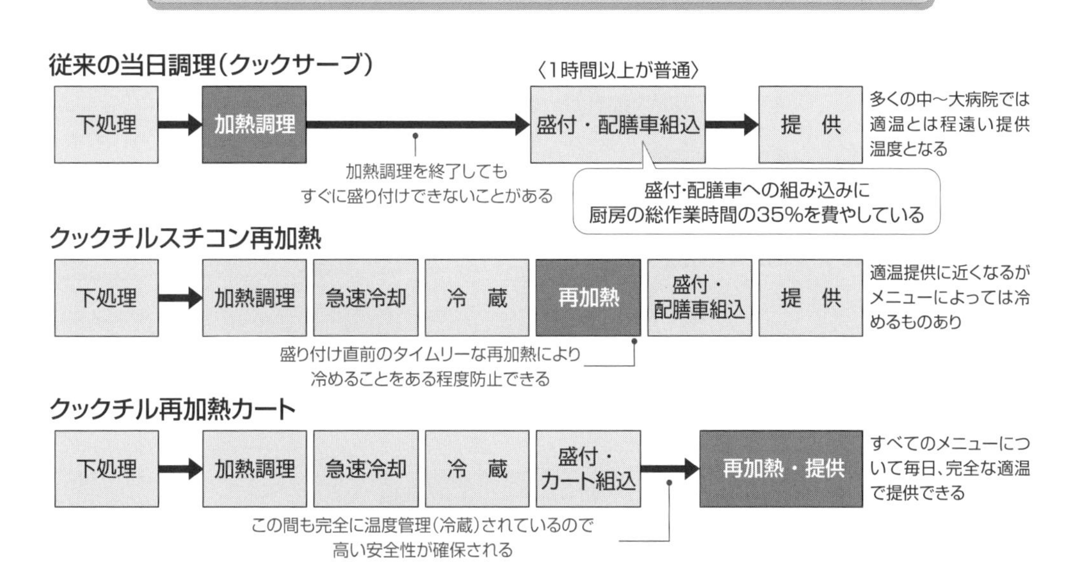

須となる。将来的には食品メーカーや惣菜工場から調理済みの病院食が持ち込まれる時代が来ることが予想されるが、ほとんどの病院が院内で調理をしている現時点では、各病院がクックチルを利用することが勧められる。

多くの病院でおろそかにされている適温提供は、クックチル導入により改善されることになる。クックチルは再加熱方法により2つに分かれ、スチームコンベクションオーブン（スチコン）により盛り付け前にバルク再加熱する方法（スチコン再加熱）と再加熱カートを用いる方法の2方法がある。図2-1は従来調理（クックサーブ）とスチコン再加熱、そして再加熱カートによる方法を比較したものである。

当日調理（クックサーブ）で適温提供できないのは盛り付けと配膳車への組み込みに長時間（35%）を費やしていることに起因するが、盛り付ける食器を温めていないことも理由として挙げられる。図2-1に示すように再加熱前に盛り付けとカート組み込みをするクックチル再加熱カート方式により適温提供できることは明白だが、クックチルスチコン再加熱方式も2時間以内提供の課題を解消して適温に近づけることができる方法である。当日調理では加熱調理終了時刻を概ね予測できるが、その日の食材の状態、肉や魚ならその厚みなどいくつかの要因により加熱調理に必要な時間が変わり正確な時間がわからない。そして仕上がりに要する時間が変わるために、調理担当は配膳時刻を守るために安全をみて早目に調理を終了するようになる。温冷配膳車がある場合は、温蔵できるのでさらに早目にできあがっても良いという感覚になりがちである。これに対してクックチルでは、スチコン再加熱の所要時間は完全に予測できる。一旦加熱調理を終了していて、0～3℃の狭い温度範囲で保管されている病院食を庫内の温湿度の状態が安定したスチコンで再加熱するので必要な時間は正確に読めることになる。スチコンで再加熱して速やかに盛り付けして温冷配膳車に組み込み提供すれば、従来方法より温かく提供できる。この方法におい

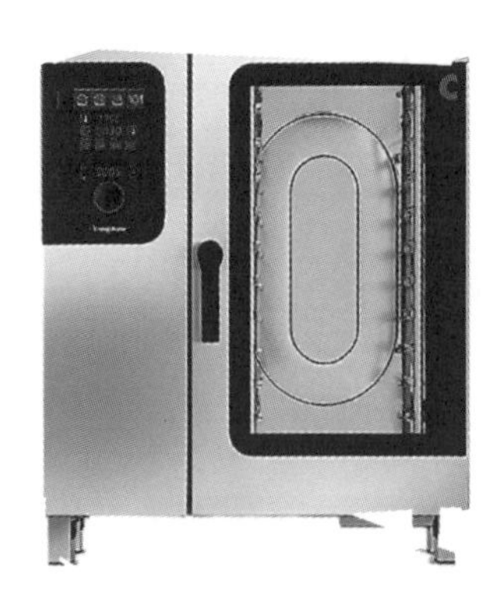
スチームコンベクションオーブン

ブラストチラー

写真提供：(株) エフ・エム・アイ

ても盛付・配膳車組込を素早くして食事が冷めないようにするための努力が必要であり、常に適温を保証できるわけではないが、従来の当日調理に比べると安全性ははるかに高くなる。

3 人件費の低減

スチコン再加熱においては一部メニューを当日調理（クックサーブ）することがあり、作業の閑忙平準化が進みにくいといえる。反面、生食材からの調理も再加熱と同じスチコンで可能になるのでクックサーブとクックチルを併用できてメニューでの制約が無くなる利点はある。再加熱カートでは加熱工程があるメニューは原則としてすべてクックチルになり平準化は進む。また、すべてまたはほとんどがクックチルなら調理日を集約することも可能になる。こうしたことから、クックチル再加熱カート方式を導入した病院では人件費低減を実現しているところが増えてきている。平準化、調理日集約の例を図 2-2 に示す。

注意しなければならないことは、クックチル再加熱カート方式を導入すれば必ず人件費を低減できるのではなくそのためには事前の調査と準備がいること。また、パートタイマーを含む調理から提供に関わるスタッフ全員にクックチル導入の目的を十分理解してもらい自ら進んで導入に取り組むようになってもらうことが必要になることである。具体的な導入作業はレシピのクックチル適応化からはじまり、事前の調理トレーニング、スチコンおよび再加熱カートの使用習熟という順で進む。

導入プログラムの例を表 2-1 に示す。導入プログラムは 1 年間となっているが、取り組

図2-2 調理日集約の例（作業を平準化して効率を上げている例）

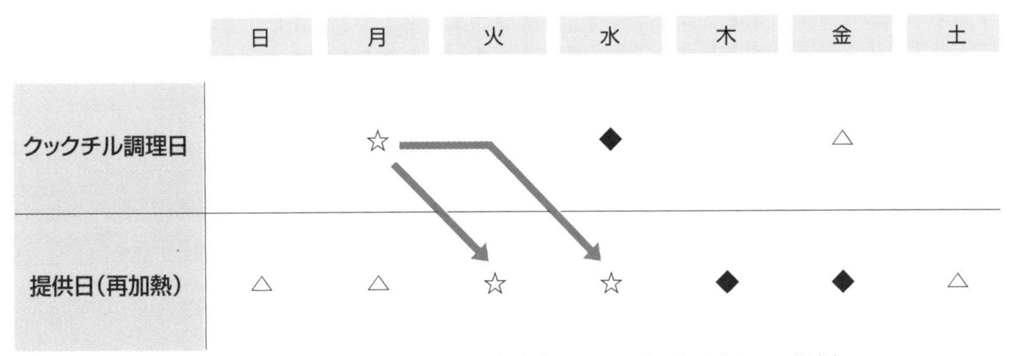

熱風式再加熱カート

軽量搬送できるシャトル+インサート方式

写真提供：エレクター株式会社

みの態勢、習熟の速度、トレーニングの頻度などの要因により期間が短縮されることも、反対に長くなることもある。

4 その他の課題

美味しさの向上と安定は調理スタッフの努力によるものが大きいが、クックチル調理が美味しさに寄与することがいくつかあげられる。

① 美味しさの一要素である適温提供ができること。(特に再加熱カート方式)

② 加熱後の急速冷却と提供直前の再加熱により保温または室温に置かれる時間が短くなり食材組織へ与えるダメージが少ないこと、素材の香りが飛びにくいこと。

③ スチコンをフル活用することにより、素材の持ち味を損なわないように調理できること、加熱温度のコントロールが安定していてオーバークックにはならないこと。

などがある。

メニューの多様化については、スチコン、低温スチーマーなどの加熱調理機器を新たに導入して、今までできなかった加熱調理法を使うことによる新メニューの可能性はあるが、基本的にはメニューを担当する栄養士の努力によるものであり、単にクックチル導入により解決できる課題ではない。

5 適温提供のための一方法 ― クックチル／病棟パントリー方式

スチコン再加熱／盛付という方法は完全でないにしても従来方法より適温に近づくこと、再加熱カートでは完全な適温提供が可能になることを述べてきたが、もう一つの適温提供のための方法を説明する。

病棟パントリー方式がそれである。加熱調理／急速冷却は主厨房でまとめて行われるが、チルド状態にした病院食を各病棟フロアのパントリーに前もって搬送して冷蔵保管し、提供時間に合わせて再加熱／盛付提供していく方法である。再加熱後は50床程度以下の病棟単位で提供していくので適温で提供しやすい。この方法では通常は病棟パントリーに隣接して患者食堂が設置されるので、食堂を使用する患者には適温提供はもちろんのことパントリースタッフと直接的な対話ができて食事の評価や嗜好を伝えることができるのが大きな利点となる。なお、食堂を利用しない患者には、配膳車により病室まで食事が運ばれることになる。病棟パントリー方式と従来の中央配膳方式の比較を図2-3に示す。

病室に近いところにパントリーを置くことは患者と栄養部門のコミュニケーションができて非常に良い方式であるが、弱点は毎回の食事の再加熱、盛付、そして提供のためにスタッフを各パントリーに配置しなければならないことであり人件費面では課題が残る。

様々な食分野における調理提供方法を見てきた経験からは、病院食を安全に美味しく提供することが最も難しい。限られた食材費と調理スタッフで、毎日3食を休みなく調理提供して、しかも治療食や形態食があるというのは他の食分野には無いものである。病院食は（夕食の時間が）早い、不味い、冷たいと言われた時代から抜け出しつつある。しかし、まだ調理する人々の努力に依存することが多く、従来の方法では限界がある。欧米の国々が病院食で出した答えはクックチルであり、1970年頃に考えられたものである。クックチルは病院食が抱える問題・課題の解決策であることを40年以上の年月を費やして証明してきたことになるのではないだろうか。

今後の日本において欧米と同じ答えを出せるかどうかは疑問がある。日本には強制力を持った適温提供のルールがないので、設備コスト増になるクックチルは経営が楽でない病院にとって進んで導入できるものではないからである。しかし、厳しい経営環境にあっても経営が優良な病院や大学病院では、クックチルの導入が遅いながらも進みつつある。強制力が無くても安全に提供したい、適温で提供したいと願う病院が増えていることは喜ばしいことであり、長年この仕事をしてきた者として励まされる思いである。

表2-1　再加熱カート方式クックチルシステムの構築プログラム例、1年間で構築する場合

	構築すること・トレーニング内容	12ヶ月前			9ヶ月前		
1	クックチル導入に向けての組織作り ・システム説明会・試食会						
2	メニュー・レシピ・栄養管理ソフト作り 食材発注のシステム作り （外部ソフト会社と協力して）						
3	クックチル調理トレーニング ・スチームコンベクションオーブンの使用習熟 ・ブラストチラーの使用習熟（クックチル調理） ・真空調理、クックフリーズのトレーニング				既設厨房にスチコン		
4	再加熱カート使用でのソフト構築 ・再加熱カートを使用して様々なメニューを再加熱してメニュー適性等を検証する						
5	生産スケジュールの策定（週間、月間） ・下処理／加熱冷却／再加熱						
6	高度衛生管理システム構築 ・衛生管理、基礎講習 ・衛生標準作業手順書（SSOP）の作成 ・HACCPシステム構築						
7	調理～提供のシミュレーション						

注意：上記は１年間で構築できる場合の例であり、各々の病院・施設の規模、専従の準備スタッフ数などの諸条件により

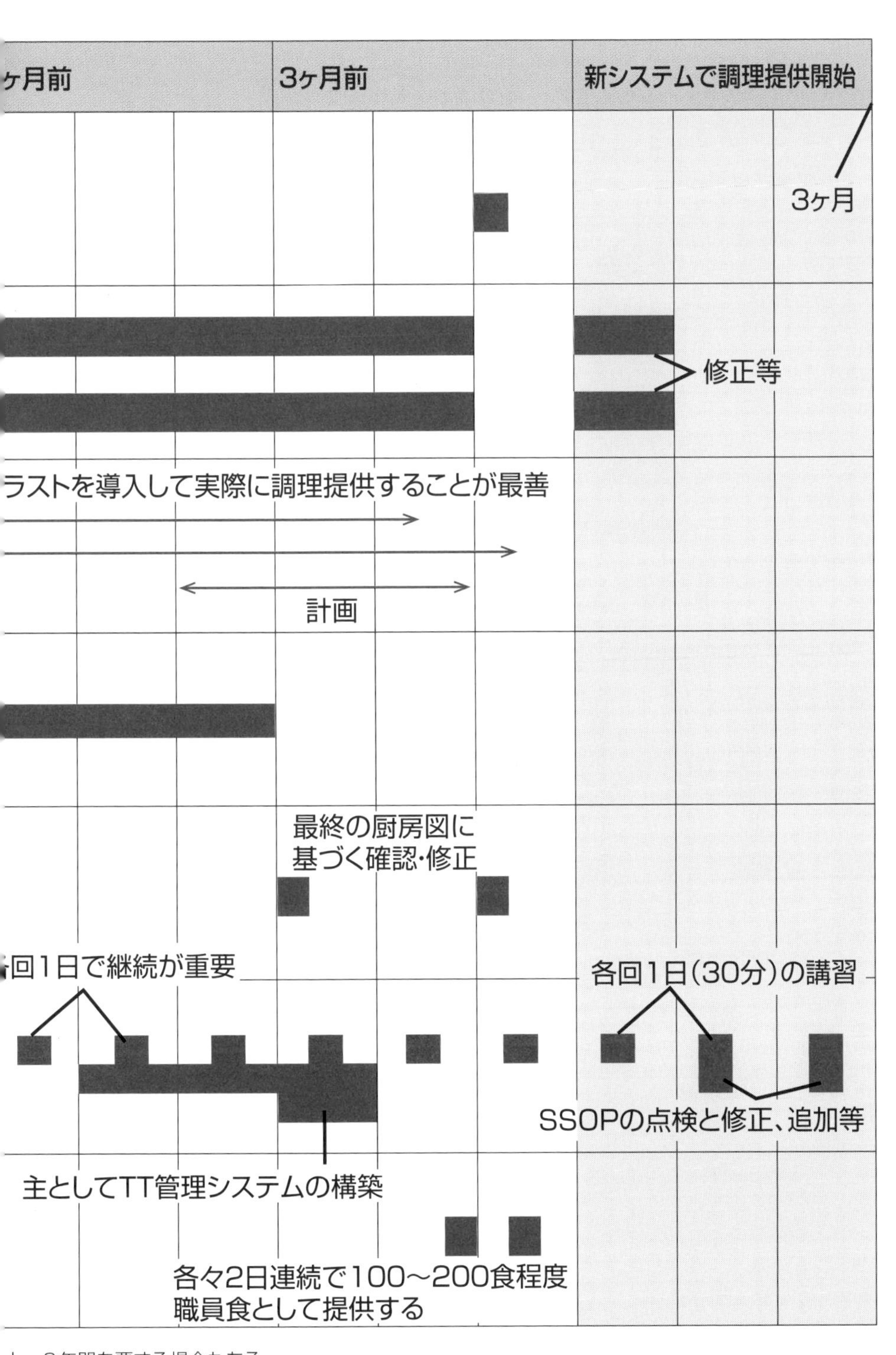

上～２年間を要する場合もある。

図2-3　従来の中央配膳方式とクックチル／クックサーブ併用の病棟パントリー方式の比較

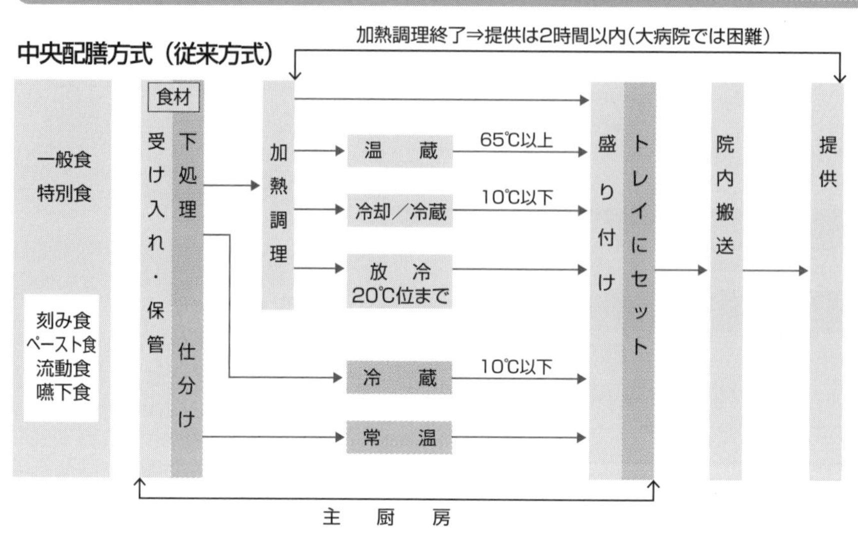

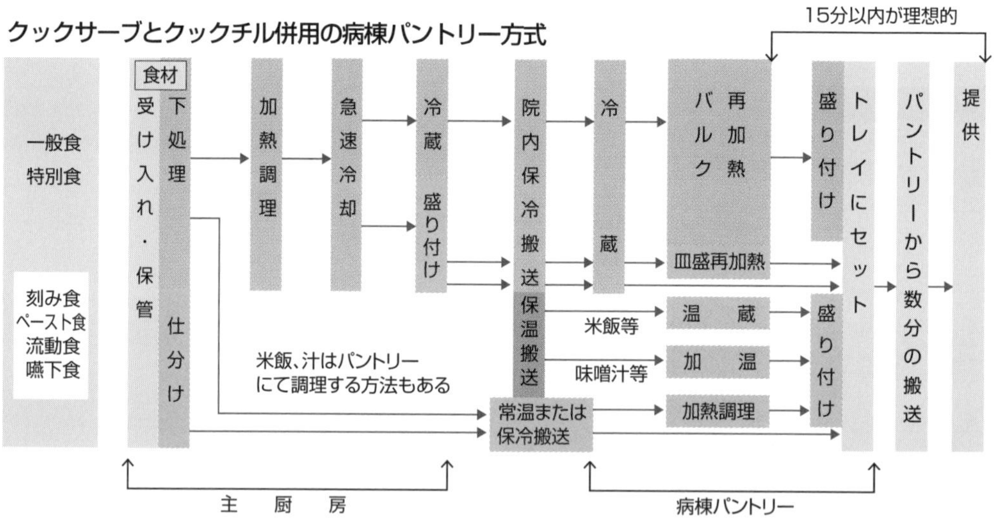

6 クックチルの利点を活かした成功事例

クックチルシステムを導入済の63床の脳神経外科病院が再加熱カートを追加導入し、さらにはセントラルキッチンを建設して調理を集中化、複数施設に配送している例を紹介する。

再加熱カートの導入効果としては、再加熱終了から提供までの時間短縮により、安定して65℃以上の適温で作りたてと同じ美味しさで提供できるようになったこと、朝食提供のための作業をなくし、残業もなくなったことが挙げられる。さらには、有給休暇の取得が楽になったこと、作業の標準化により特別な技術を必要としないシルバー人材を、より活用しやすくなったことがある。クックチル、そして再加熱カートが食事の安全性向上だけでなく、労働環境を向上させたという良い例である。

この病院では、クックチル導入をして凍結含浸食の提供、次の段階として再加熱カート導入をした。そしてセントラルキッチン建設により、同じ法人グループ内の施設のみではなく、他法人にも食事供給をしている。図2-4の右端「CKから調理済供給後」ではサテライト化をしたことにより、作業時間が約50%減となっている。

図2-4　再加熱カートの導入効果

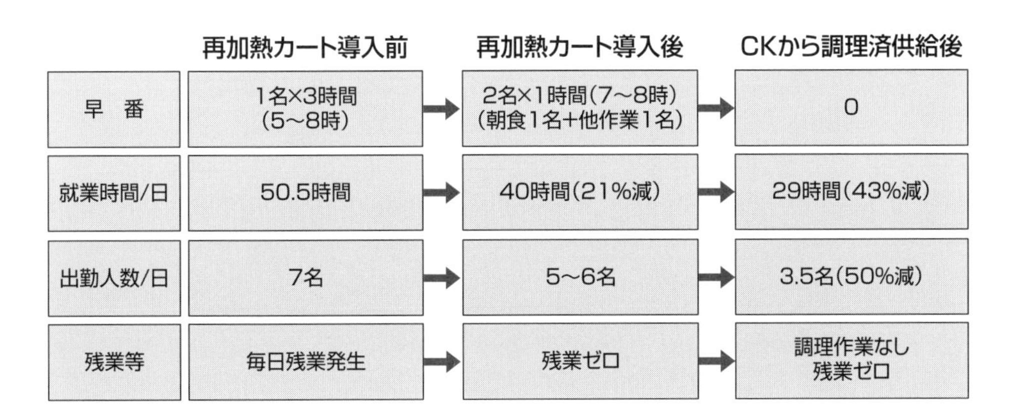

	再加熱カート導入前	再加熱カート導入後	CKから調理済供給後
早　番	1名×3時間 (5～8時)	2名×1時間(7～8時) (朝食1名+他作業1名)	0
就業時間/日	50.5時間	40時間(21%減)	29時間(43%減)
出勤人数/日	7名	5～6名	3.5名(50%減)
残業等	毎日残業発生	残業ゼロ	調理作業なし 残業ゼロ

図表提供：厚地脳神経外科病院（鹿児島市）

食札を見てトレイにセット中

トレイを再加熱カートへ差し込む作業

問題解決の切り札「再加熱カート」（エレクター社、熱風式）

写真提供：厚地脳神経外科病院

社員食堂

1 問題・課題

毎日、特定の喫食者（社員）に食事を提供する社員食堂は毎日３食提供する病院、福祉施設に比べると問題、課題は少ないと思われる。しかし経営面からは厳しい状況のところは多く、福利厚生の一環として運営されるにしても近年は特に採算性が厳しく求められるようになってきている。このような状況から食堂の運営を直営から委託に切り替える企業も多い。

社員食堂における問題、課題は以下の通りである。

① 短時間に大量提供

② 人件費の削減、パートタイマーなど未熟練スタッフの活用

③ メニューの多様化

④ 料理品質の向上

⑤ 適温提供

2 平準化の例

社員食堂におけるクックチルの効用は調理作業の平準化から生まれるものが大きく、いくつかの問題を解決または軽減するために役立つことになる。デパートの社員食堂のクックチルによる平準化の例を図2-5に示す。主菜、副菜の半分くらいが前日にクックチル調理されている。従来のクックサーブでは昼食の提供が終わると、厨房スタッフの昼食後は食器洗浄・片付け清掃と続き、余った時間で翌日加熱調理する根菜類の皮むき、カットなどの下処理をすることになる。クックチルを導入した場合は翌日分さらには２～３日後に提供するメニューの加熱調理／冷却まで調理は進む。昼食提供のピーク時の忙しさは緩和されて午後の後半の夕方までの時間はクックチル調理の時間となる。なお、この例はデパートの社員食堂であり売り場スタッフが交代で食事をするために食堂の提供時間帯は約３時間となっている。

提供のピークに備えて再加熱をして温蔵する方法で一時の忙しさを乗り切り適温提供も

図2-5　2800食／日の社員食堂の調理作業平準化例

9時　10　11

メニュー	種　別	食　数	9時〜11時以降
ランチ ①グリルチキン	当日調理	700	コンベアオーブン90／スチコン30分
ランチ ②海老フライ	クックチル再加熱	700	熱40分
ランチ ③ポテトサラダ	クックチル冷菜	700	盛り付けのみ
丼 ④中華丼	当日調理	500	スチコン加熱（2台）30分
アラカルト ⑤肉じゃが	クックチル再加熱	1,200	
アラカルト ⑥野菜炒め	当日調理	1,200	
アラカルト ⑦ロースカツ	クックチル再加熱	1,200	
アラカルト ⑧ささみおろし	当日調理	1,200	スチコン加熱60分
ランチ ⑨筑前煮	クックチル調理	700	スチコン加熱40分（2台）／冷却90分
アラカルト ⑩野菜辛煮	クックチル調理	1,200	
アラカルト ⑪鶏唐揚げ	クックチル調理	1,200	
スチコン1			⑧　①　②
スチコン2			⑨　④　⑤
スチコン3			⑨　④　⑦
ブラストチラー1			
ブラストチラー2			
ブラストチラー3			

↓ 翌日分

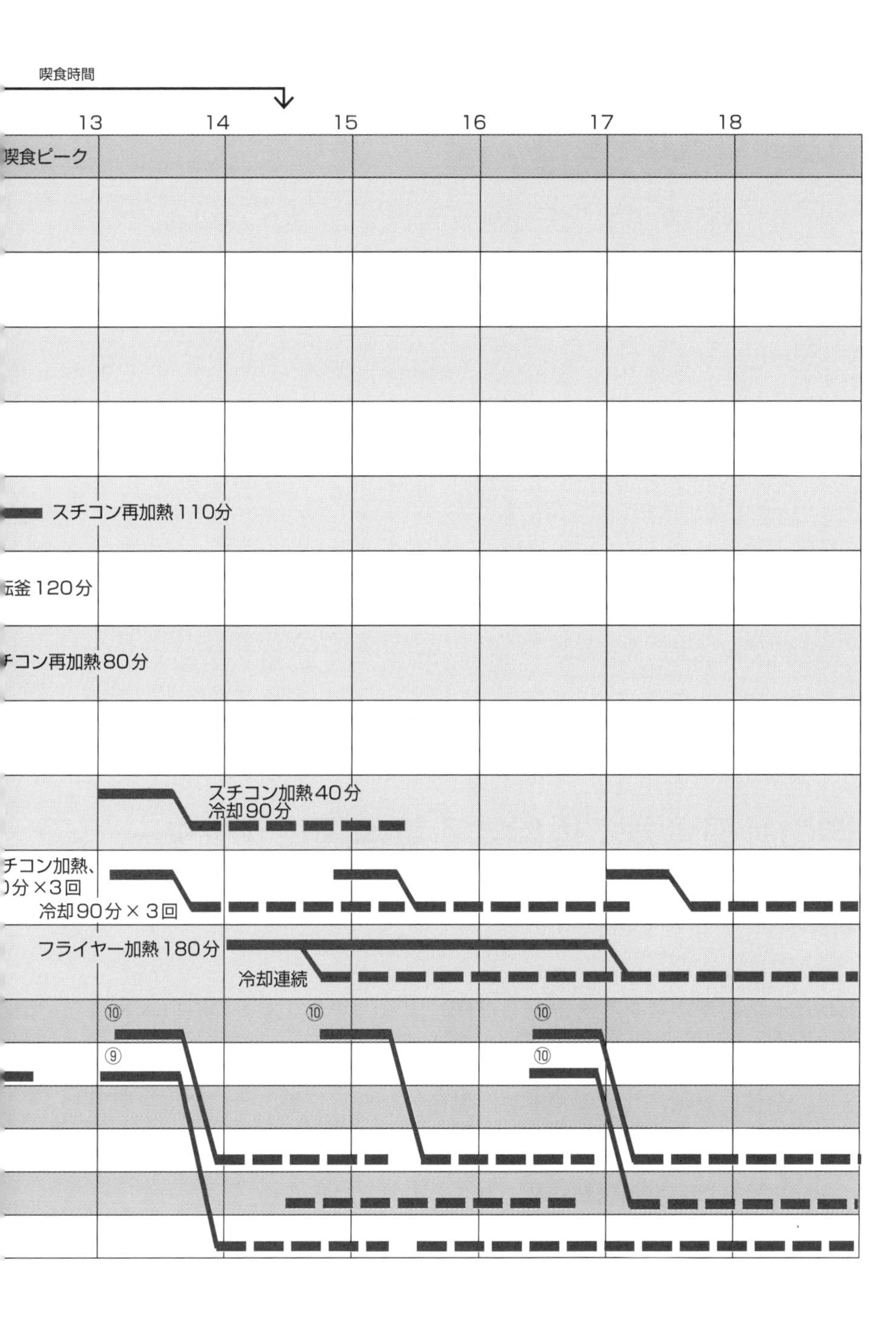

喫食時間
13
14
15
16
17
18
喫食ピーク
スチコン再加熱 110分
転釜 120分
チコン再加熱 80分
スチコン加熱 40分
冷却 90分
チコン加熱、
分 × 3回
冷却 90分 × 3回
フライヤー加熱 180分
冷却連続
⑩
⑩
⑩
⑨
⑩

可能となる。スチームコンベクションオーブンの活用によりメニューの多様化はしやすく、釜による調理に比べて料理品質を安定化できて、パートスタッフにスチコン操作を教えて加熱調理をまかせることにより未熟練スタッフの活用もできる。

3 ビュッフェ式の例

当日調理のみなら、社員食堂では見込み数で調理するので常に廃棄ロスが出る。この廃棄分を商品として販売できればその分についてはすべて利益になる。方法としては、主菜としてのメニューを、例えば80～100種類程度決めておき毎日クックチルした4～5種類をビュッフェテーブルに並べる方法にすれば、廃棄は大幅に減るか無くすことが可能となる。仮にA～Dまでの4種類としてその4種類が売り切れれば順次E、Fというように出していくことにより廃棄するものは無くなる。1日の始めと終わりでは主菜は変わることが特徴となる。クックチルに向かないメニューは、クックサーブとして販売できる数量のみ調理する。クックチルに適しにくい炒め物は短時間で調理できるので、売り切れそうになったら追いかけて調理をすることもでき、副菜も同様にすれば主、副菜共に無駄が無くなる。この方法を採用している大手自動車メーカーの社員食堂は廃棄を大幅に減らすことができている。

4 複数の社員食堂に供給する集中調理センター

この方式については病院食・高齢者食の集中調理センターの項で詳述するのでその項を見ていただくことになるが、人件費削減および料理品質の安定化に役立つと共に食事の供給を受ける各サテライトの厨房のコンパクト化を可能にする。サテライトの厨房床面積を減じることと調理機器の簡素化、省コスト化を実現する。ただし、必ずしも人件費削減ができるわけではない。全体の食数、サテライト数、現在のスタッフ数、そして集中調理センターをどこに、どのように建設するかなどの総合的なフィージビリティスタディ（実現可能性調査検討）をしなければ集中調理が有利であるとの答えは出ない。

個室型ユニットケアの老人福祉施設および有料老人ホーム

高齢者施設は今後、個室型が主流となり、食事時間やメニューを選択できるなど自由度が増える方向に変わっていくと予想されるので、ここでは個室型を基本とするユニットケア方式の特別養護老人ホームおよび有料老人ホームにおける新調理システムの活用について説明する。

老人ホームでは毎日３回の食事提供をするという点では病院と共通する問題・課題を抱えているが、全般的に床数規模が小さいので加熱調理終了後には比較的短時間で提供できることが相違点となる。老人ホーム固有の問題・課題は以下のこととなる。

① 刻み食、ミキサー食に手間がかかる。
② 刻み食、ミキサー食の安全性が心配。
③ 時間的制約が無く、ある程度自由に食事ができるようにしたい。(家庭と同じように)
④ メニューを選択できるようにしたい。(家庭と同じように)
⑤ 誕生会、お花見、クリスマスなど行事食メニューを充実させたい。
⑥ 人件費の削減。

刻み食、ミキサー食はクックチルにより安全性を高めることができる。従来調理に比較した新調理システム（クックチル、真空調理、クックフリーズ）の利点をp42表2-2に記す。

食事の自由度を上げるという点からはクックチルした料理を個食パックする方法、または生食材から真空調理をすることにより一人分ずつ安全に扱えて保存もできるので便利で衛生的になる。大規模な病院や社員食堂の大量調理には適さない真空調理は個食対応により食事の自由度を上げたい老人ホームでは活躍の場が大いにあると言える。さらには行事食でチキンやローストビーフなどの肉料理を真空調理で柔らかく仕上げることにより入所、入居の高齢者に喜ばれることとなる。

クックチル、真空調理およびクックフリーズの新調理法は食事の重要度が高い老人ホームにおいても、食べる人、調理する人、そして経営に関わる人のすべてに喜ばれる調理法となり、施設のフードサービスが抱える問題・課題の解決策となる。

特別養護老人ホームのクックチル導入例

クックチル導入により、施設外への配送を可能にし、クックチルで得られる利点をすべて引き出した事例があるので紹介する。

実現できたことの主なものは、

① 喫食者（入所・通所者）が安定して美味しい料理を日々楽しむことができること

② 調理スタッフが時間に追いかけられず落ち着いた環境で調理できること

③ 計画的な休暇取得などの労働環境の向上を実現できたこと

言うまでもなく介護施設にとって食事の満足度が高いことは重要なことであり、経営面からも高い評価が得られることになった。

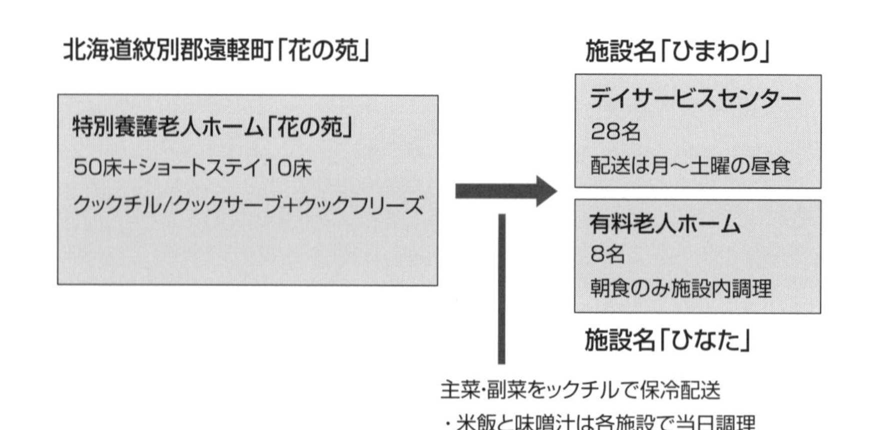

クックチル導入の背景：老朽化した旧花の苑の新築移転に伴い、デイサービスがその敷地に残ることになったこと、さらには利用できる建物の一部を改装して有料老人ホームにしたので、これらの２施設に食事を配送する必要が生じた。

クックチル導入で安全に食事を配送できること以外に、新築した特別養護老人ホームにも多くの利点がもたらされた。

クックチルで良くなったこと

・衛生レベルが向上し、食事の安全性が高くなった
・調理と提供の分離により、時間に追われない落ち着いた作業環境になった(計画調理)
・料理品質が安定し、提供時刻に合わせた再加熱で温かく提供できるようになった
・行事食は前日までのクックチルと当日調理を組み合わせて楽々調理になった
・極刻み食を廃止し、なめらか食（嚥下調整食コード1、3）の提供が可能になった
（クックチル調理済から処理するので、なめらか食の調理が楽である）
・調理済食材のムダを解消（冷却終了時点で余剰とわかった料理を冷凍⇒代替食）
・早番勤務がなくなり楽になった

勤務体制（調理スタッフ6名）

勤務時間・仕事内容	月	火	水	木	金	土	日
9：15 ～ 18：15 再加熱他 返却容器洗浄	1	1	1	1	1	1	1
8：00 ～ 17：00 クックチル調理	1	1	1	1	1	1	0
8：00 ～ 17：00 なめらか食調理 当日調理	1～2	1～2	1～2	1～2	1～2	1～2	0
8：00 ～ 17：00 下処理 食材受入検収	1	1	1	1	1	0	1

・以前は6時からの早番勤務があった
・計画調理ができるので、勤務調整がしやすくなった
・日曜日にクックチル調理をしないことで、土曜日の下処理がなくなり、調理スタッフの土・日曜日の休みが増えた

クックチル調理の週間スケジュール

月	火	水	木	金	土	日
(水) 昼	(木) 昼	(金) 夕	(日) 朝	(月) 昼	(火) 昼	休み
(水) 夕	(木) 夕	(土) 朝	(日) 昼	(月) 夕	(火) 夕	
(木) 朝	(金) 朝	(土) 昼	(日) 夕	(火) 朝	(水) 朝	
	(金) 昼	(土) 夕	(月) 朝			

花の苑 クックチル調理から提供まで

加熱調理

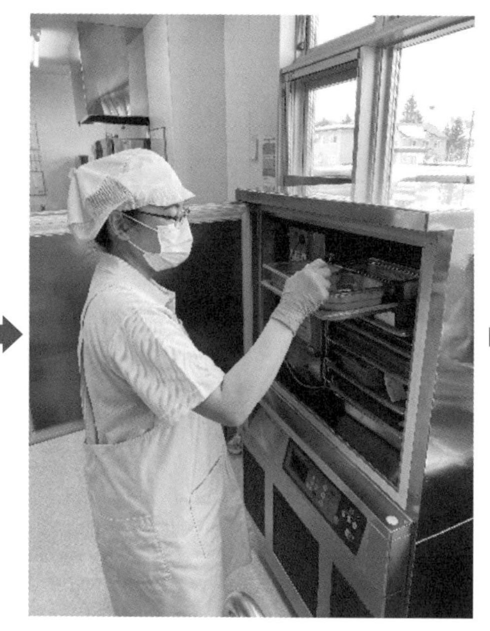

冷却終了時の芯温測定

敬老祝い膳

ユニットでの盛付・配膳

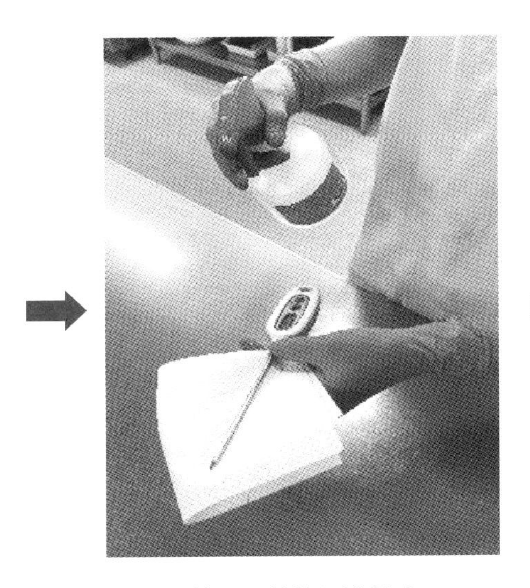

使用の前後には必ず
消毒とふき取りをする

クックチル冷蔵庫
2〜3日分の調理済保管

厨房からユニットへの搬送

写真提供：社会福祉法人浄光会

表2-2　老人ホームのフードサービス、従来調理と新調理システムの比較

	従来調理＝クックサーブ（すべて当日調理）	新調理システム、主としてクックチル（メニューの一部を真空調理、クックフリーズ）
食事の安全性		●食品の温度・時間管理が連続的になり、従来調理より高い安全性を確保できる
適温提供	●適温提供できる料理（例えば煮物）と困難な料理がある	●全体的に適温提供し易い
選択メニュー	●可能であるが、複数メニュー調理を同時進行させるため、調理スタッフへのストレスは大きい	●前日までの調理と当日調理の組合せにより、同じ調理スタッフ数で容易に複数メニュー提供が毎日可能（3種類以上からの選択も可能）
メニュー範囲	●豊富なメニューを調理提供できる	●従来調理と同じく豊富なメニューを提供できる（ただし、クックチル50～60%、従来調理35～40%、真空調理5%程度となる） *従来調理と組み合わせるとメニューに制限はなくなる
料理品質	●調理師にほぼ完全依存	●調理師に依存するが、スチコンのフル活用により、他のパートスタッフであってもより安定化した料理品質で提供できる *レシピの標準化、文書化が鍵となる
他の特徴、利点		●朝食のメニューを充実できる ⇒煮物など手間がかかる料理でも前日までに調理できるので ●早朝出勤を緩和できる ●お誕生会、お花見など行事食の調理を3～4日前から進めることによりメニュー充実ができ、さらには真空調理の活用により、これまで老人施設では提供できなかった新メニューも可能になる ●正月、お盆の時期の調理スタッフの出勤シフト編成が楽にでき、特定時期の出勤スタッフ数を減らすことが可能（同様に土、日曜のスタッフ数も減らすことが可能） ●将来、在宅配食をする場合においてもブラストチラーによる急速冷却で安全に調理、配送できる ●時間的余裕を生み出すことができて厨房内の清掃も行き届き、常時清潔であることも新調理を導入している施設の特徴である

第2章—4

ホテル・宴会

過去には収益低下で苦しんできたホテルの宴会調理はクックチル、真空調理の導入により一段落した感がある。土日曜に集中する婚礼の宴会調理を前倒し平準化して残業をなくし、宴会当日は余裕を作り出すことに成功した。それだけにとどまらず、宴会の料理の安全性を格段に上げることができた。ホテルの宴会サービス通路に置きっぱなしになっている料理が少なくなり、常温で置かれる時間が短くなった。

クックチル、真空調理を利用していないホテルのシェフが「"作り置き"が美味しいはずがない」と言うことを聞くことがしばしばあるが、実際にはクックチルまたは真空調理をするメニュー選びさえ間違わなければ、大量調理現場で従来調理より美味しく適温で、そして安全に提供できるのが新調理法である。常に80点を取ることができるのが新調理法であり、食味を一定レベル以上で安定化することができる。従来の調理法によらなければ最良の状態で提供できないメニューは従来法で調理して、新調理法に適するメニューのみをクックチルまたは真空調理するという組合せによる無理の無い、合理的で安全性の高い方法である。この組合せによる方法を新調理システムと称する。

閑忙平準化のイメージを図2-6に示す。また、宴会調理場をホテル内のセントラルプロダクションユニット（CPU）として機能させる場合の仕組みを図2-7に示す。

図2-6　新調理システム導入による調理作業の平準化の例（曜日ごとの1人の作業時間の変化）

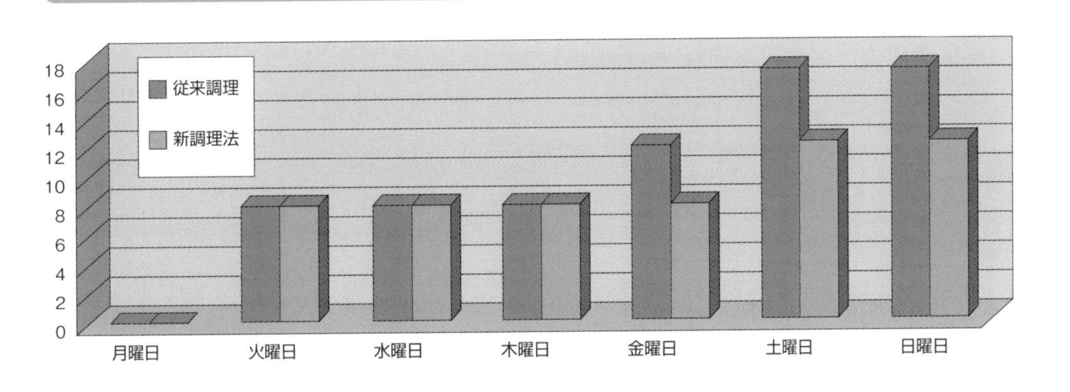

ホテル宴会および結婚式場における新調理システム導入の利点を要約する。左側に得られる利点を、右側に結果としての具体的効果を記す。

□　調理作業の平準化　⇒労務費の低減（残業減）

□　熟練と単純作業の分別化　⇒労務費の低減（パート化）

□　料理品質の安定化（シェフの味をいつでも提供可能）　⇒低コストで高単価の料理提供

□　料理の安全性の向上（温度・時間管理の向上による）　⇒高い信用の構築

□　計画生産による食材の無駄の低減　⇒利益率の増大

あるシティホテルの宴会調理長に聞き取りをした、新調理システム導入の前後についての変化を実例として以下に記す。

＊導　入　前	＊導　入　後
・調理作業が特定日に集中してかなり無理があった。	・調理作業が平均化して特定日に集中しなくなった。
・料理提供時において混雑してスムーズに提供できなかった。	・再加熱がマニュアル化されたため、スムーズに提供できるようになった。
・食材の下処理以外は社員が調理していた。	・社員とパートの仕事が分立化により、70％はパートが生産している。（真空調理に関して）
・大人数の宴会は大変だった。	・前倒し調理で宴会が楽になった。
・冷却用の氷を多量に使用して床が濡れて不快だった。	・冷却途中でも帰ることができるようになった。（ブラストチラーの効用）
結果として ◎　宴会調理の残業時間を約50％削減できた。 ◎　サテライトとしてのレストラン（ビュッフェ式）の人件費を30％削減できた。 ◎　サテライトとしての従業員食堂の人件費を40％削減できた。 ◎　パートタイマー化による人件費削減もできた。（％不詳）	

ホテルの厨房では従来調理で長年経験を積んできた料理人が多いために難しさがあるが、一旦導入の必要性を理解して自ら取り組むようになれば使いこなすまでの道のりは着実で速いと言える。食材費、人件費などのコストを意識して高品質の料理を安定して調理提供

しなければならないという意識を植え付けることができるかどうかが鍵である。また、自分たちの労働環境が向上することを認識できれば推進がさらに楽になる。

図2-7 ホテルの宴会を中心とするCPU

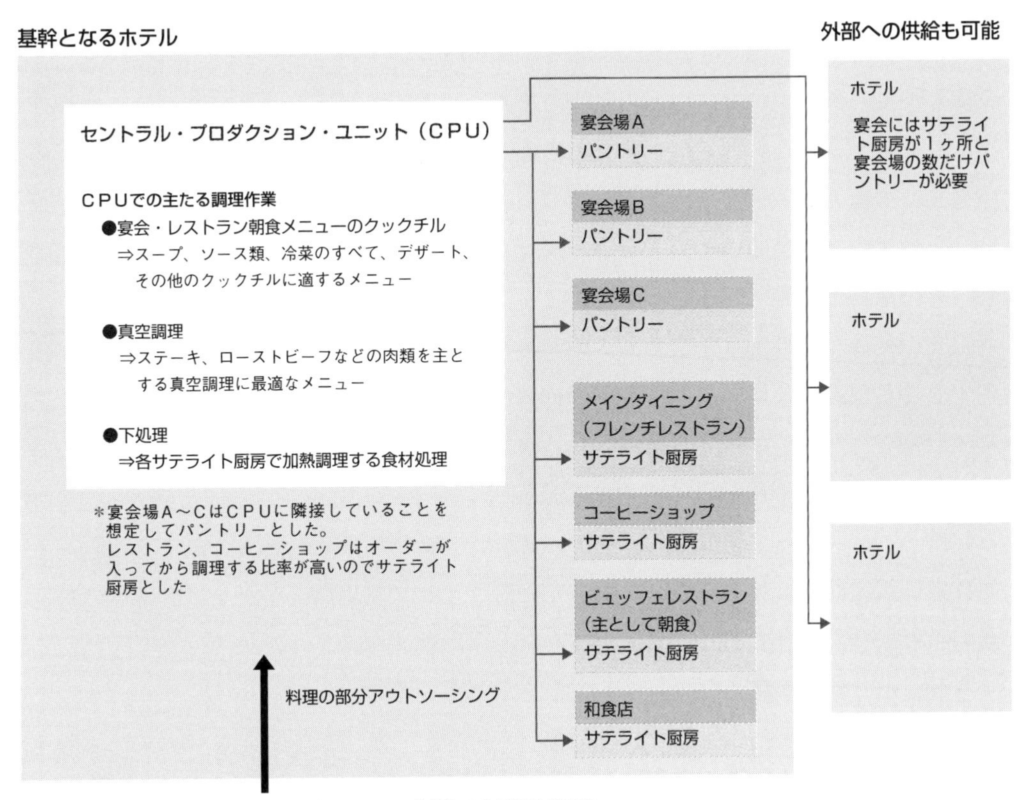

第2章—5

フランス料理店、イタリア料理店

西洋料理では昔から料理を冷却することになれている。日本料理のゆっくり時間をかけて冷ますという方法に対して西洋料理では短時間で冷やすことになる。前もって作るソース類、スープ類を鍋や容器に氷を当てて冷却することは従来行われてきたことである。日本料理の煮物は前もって調理して冷まして注文が入れば温めて提供することが多い。冷める時に味は食材に浸みていくからである。

新調理法では調理プロセスのどの段階で冷却をするかを考えることになる。真空調理で代表的なメニューの肉料理では、食材の表面だけを焼いて真空パック後冷蔵して提供直前に中心まで火を入れる、または真空調理で肉の中心まで火を入れて提供直前に表面を焼くという正反対の調理手順のどちらを選ぶかは、どちらが提供直前に時間に追われなくて済むか、その時料理品質はどうなるかで決まることであろう。

病院食や社員食堂のような給食のクックチルは中心まで火を入れて出来上がった料理を冷却することが通常のルールとなるが、レストランでは異なる方法をとる。レストランでは経験豊富な料理長がすべての采配をして厨房内の仕事に目が行き届くために給食のように画一的なルールを採用しなくても安全は確保しやすい。また、クックチルや真空調理、あるいはクックフリーズを取り入れやすいメニュー構成にすることも可能である。以下の箇条書きは新調理システムを使いこなしているフランス料理店、イタリア料理店の料理長から聞き取りした内容であり、調理の様々な段階で急速冷却または急速冷凍を入れることにより運営上で様々な利点を得られることを示している。

○ 安い時に魚を大量に仕入れて下処理、ポーションカット後に真空パックして急速冷凍する。この方法では高品質でストックできる期間も長く、無駄のない食材在庫管理が可能。
⇒食材コストの低減

○ オーダーから提供まで時間がかかるリゾットなら、米を70～80%程度まで火を入れて急速冷却して、オーダーが入ればお客様の注文メニューに合致した食材とフレーバーを加えて短時間で仕上げる。
⇒提供までの時間短縮

○ ソース、スープ類は急速冷却することにより、香りが保持できて従来の氷を使う冷却に比べて日持ちも良くなる。
⇒賞味期限の延伸、平準化の推進

○ ソース、スープ類など冷凍しても全く変わらないものを前倒し調理、冷凍保管。

⇒手空きの時間の有効利用、平準化

○ 見込みで調理した料理だけでなくデザートも急速冷却により美味しく提供でき、賞味期限が延びて廃棄が減少。 ⇒食材コストの低減

○ 完全調理済み料理の急速冷却で大人数の宴会も前倒し調理で楽々提供が可能。

⇒労働時間の短縮、大宴会も高品質提供

○ 前倒し調理と当日調理の組合せで提供できるメニュー幅が拡大。 ⇒売上増大

しかしながら、調理した料理をすぐに提供することになれている人たちはこのような方法に違和感を持つことが多いようである。仕込みから加熱調理、そして提供まで従来方法のみでお客様の満足を得て、お店の利益も出て、スタッフに従業員満足を与えることができているなら方法を変える必要がないことになるが、そうでない場合が多いはず。レストランが抱える課題を以下のように考える。

① 人件費の低減
② 食材の無駄低減
③ 安定した料理品質
④ 豊富なメニュー提供とメニュー開発
⑤ 作業効率の改善
⑥ 未熟練スタッフの活用
⑦ 料理の安全性向上
⑧ 狭い厨房スペース
⑨ 水光熱などランニングコストの低減
⑩ 機器などの投資コストの低減

実はこれらの課題のうち、①～⑦は新調理システム（急速冷却と急速冷凍）を利用することにより解決または問題を軽減できるのである。意外であるがこれらの中で意識されていないのが料理の安全性で、これまでに食中毒を起こしていないので今までのやり方で大丈夫と思っている料理人が多い反面、実際には有名なレストラン、和食店、一流ホテルでの食中毒は数多く報告されている。冷却方法に問題があった例、保管温度が安全でなかった例など、温度・時間管理（TT 管理）の不完全に起因する食中毒が多い。店の経費減、売上と利益増ばかりに関心がいきがちであるが、食中毒は一度起こせばお店にとって致命的になる可能性がある。クックチル、真空調理は温度・時間管理が連続的になり、料理の安全性を高めるために大いに役立つ方法であることを知るべきである。

仕事の段取りや方法を変えることに抵抗をする人は多い。真空調理やクックチルはどん

なメニューであっても従来方法を最良とする人たちにとっては邪道であり、取り入れたくない方法とみなされる傾向が長く続いてきた。そうした従来調理のプロの方々でも急速冷却して再加熱をした料理を食べると納得して自分の厨房に取り入れる例を見てきた。肝心なことはお客様に喜んでいただくことができるかどうか、そして経営が成り立つかどうかであり、自己満足ではない。従来の下処理、調理、そして保存の方法だけで、店の健全経営を継続できて同時にスタッフに働きやすい環境を与えているか、という疑問がある。そうでないなら、料理人（経営者）として意識改革が必要ということになるのではないだろうか。

2章—6 和食店

新調理法において必須となる機器は、スチームコンベクションオーブン（スチコン）、ブラストチラー、真空包装機である。ドイツで生まれてヨーロッパで育ったスチコンは1990年代初頭から日本のホテル、フランス料理店など洋食では導入するところが次第に増えてきたが、和食店ではなかなか広まりにくかった。スチコンの価格が高額であることから高級な和食店が導入する時代を経て、今ではかなり広く和食で使われるようになってきた。しかし主に使われる加熱モードは蒸し物と焼き物であり、煮焚き物については従来の鍋による仕上がりが良し、とされてまだ利用は少ないようである。

ブラストチラーは各メーカー共に急速冷凍機能付きであり、和食店では冷却、冷凍のどちらも活用して重宝な機械であると評価されている。あるブラストチラーのメーカーが名古屋近郊のユーザーに使用状況を聞き取り調査した結果を表2-3に示す。

以下に表2-3に記された使用内容について注釈を加える。

○ 下処理後の刺身：下処理した刺身は温度がいくらか上がっているので急速冷却して鮮度保持している。

○ 焼き魚（鯛、鮎など）：焼き魚をクックチルすると提供時の再加熱で身がやせる。身やせ防止には火の通りを70～80％程度にして急速冷却して冷蔵保存、そして提供直前に仕上げ加熱すれば身がやせず仕上がり良くスピーディに提供できる。

○ トロ：冷凍で価格の安い日に多めに仕入れて半解凍後、1日分ずつにカットして再び急速冷凍することにより仕入れのコスト節減ができる。

また、洋食の場合の新調理法の利用と同様のこととして、魚類は価格が安い時に大量に仕入れて下処理後に急速冷凍して保存すること、揚げ物（天ぷら）を前もって揚げておいて再加熱すれば熱々の状態で一度に提供できること、デザート類を前もってまとめて調理冷却することなどが高品質を維持して厨房運営の大幅合理化を助けている。これらは病院などの給食分野での新調理法のように加熱調理⇒急速冷却（または急速冷凍）⇒冷蔵（または冷凍保存）⇒再加熱／提供のような統一された工程を経ていないが、ブラストチラーや真空包装機の使い方の応用による広義の新調理法ということで解釈できる。

和食店において新調理法で解決または軽減できる問題・課題はフランス料理店と同じであり、人件費の低減、食材の無駄低減、安定した料理品質、豊富なメニュー提供、作業効率の改善、未熟練スタッフの活用、料理の安全性向上である。

伝統を重んじる和食では従来と異なる方法には抵抗があることを否定できないが、実際に厨房に入って調理作業を観察すると気になることがいくつかある。洋食に比べると長い常温放置や素手で料理に触れることが多いことがとても気になるところである。もともと日本では食中毒を出さないための方策としてはすべてを清潔にしておくことが重要と見られており、英国、ドイツ、フランスなどに比べると温度・時間管理の意識は従来から薄かったと思われる。これに対して先にあげたヨーロッパの国々では冷蔵庫、冷凍庫の容量が十分で、氷や冷却機を使用して冷却することがよく行われて菌を増やさない仕組みができているといえる。言い換えれば日本では汚染防止が重要であると思われていて、ヨーロッパでは菌の増殖防止を重要とみていると解釈できる。どちらも重要であるが、推測するとヨーロッパは温度管理というシステムで対応して、日本は手をよく洗うという調理をする人の努力で安全確保しているように感じられる。

表2-3　和食割烹・寿司屋でのブラストチラー使用実例

店名	席数	急速冷却			急速冷凍	ユーザー評価
		下処理後	部分加熱後	仕上加熱後		
和食割烹T（高級）	50	・刺　身	・おせち用食材	・昆布巻き ・鴨ロース ・はりはり ・カステラ	・下処理済魚 ・海老しんじょう ・カステラ ・氷器	和食調理のユーザー評価は以下の通り： 1. 衛生面で安心できるようになった 2. 料理品質を向上できた 3. 調理工程の時間短縮が可能になった 4. 前倒し調理ができて人件費を低減できた 5. 高価な肉や魚を安値時に仕入れて冷凍保存が可能になった 6. 仕出しをはじめることができた（安全性に自信がなく仕出しをしていなかった） 7. 冷ますためのスペースが節約できるようになった
和食店T	150	使用している（不詳）	使用している（不詳）	・煮魚 ・煮物 ・グラタン類のトッピング	不使用	
和食店S（寿司もあり）	80	・刺　身	・焼き魚（鮎）	・煮物 ・デザート	・刺身	
和食店F（寿司もあり）	80			・煮物（仕出し用） ・デザート ・焼き魚	不使用	
和食割烹S（高級）	100		・ステーキ ・焼き魚	・煮物 ・仕出しメニュー全般	・鮮魚保存	
和食店Y	70	・刺　身	・ステーキ ・焼き魚	・煮物	・トロ	
寿司店F	80	・刺　身		・煮物 ・あなご ・海老 ・デザート	・刺身（盛り付け後）	
寿司店K	80			・仕出し弁当 ・煮物 ・あなご	・刺身	
和食割烹K（高級）	80	・刺　身	・ステーキ ・焼き魚	・煮物 ・デザート ・ビール	・トロ	

目で見て、手で触れて仕上がり具合を判断してきた和食調理では、温度と時間について数値管理を取り入れることにより毎回均一で安定した仕上がりを保証できるようになる。また、常温で提供される料理が少なくないことから、温度・時間管理が重要であるとの認識を高めるためにも決められた温度と時間のルールに従うクックチルを部分的にでも取り入れることを勧めたい。和食店に限ったことではないが、クックチル、真空調理、そしてクックフリーズによるシステム化は、衛生管理水準を上げるためにも必要であると考えている。

第2章—7

弁当・惣菜工場

財団法人外食産業総合調査研究センターが発表している外食産業市場規模推計値では、2020年の料理品小売業の売上は7兆928億円（前年比1.8％減）となり、新型コロナウイルス感染症による影響で、ほとんどすべての食分野で大きく減少傾向を示す外食分野別では、安定した売上となっている。もう一つの安定した成長分野として保育所で提供される食事があり、これらの2分野を合わせて世の中の動向をいくらか表していると言える。男女を問わず単身生活者が増加していると共に、子供を保育所に預けて働く女性および子育てが終わった主婦などがフルタイムで働いていることが推測できる。

弁当・惣菜を調理販売しているところは零細から大規模工場まで様々である。大きな設備投資や特別高度な技術を必要とせず弁当・惣菜を作ることができるので、小規模の新規参入が多い。生き残りのためには新たに出現する競争相手を価格や品質、さらにはメニューの豊富さで打ち負かし、関連する法令遵守と厳しくなる安全性についての要求を克服するなどの課題が多くある。

弁当・惣菜の製造販売で勝ち残るためには以下の課題を解決する必要がある。

① 製造コストの低減
② 廃棄ロス低減
③ 美味しさ向上
④ 作りたて感のアップ
⑤ メニュー幅拡大
⑥ 作業の標準化とパートタイマーの活用
⑦ 添加物使用量の低減
⑧ 安全性の向上
⑨ 配送コストの低減（複数店舗を有する場合）

クックチルはこれらの課題の解決策として利用できる。弁当・惣菜の調理現場では鍋と釜の使用が依然として主流であるが、加熱機器を従来通りのままとして単に急速冷却を調理プロセスに入れるのみとするか、スチームコンベクションオーブンを活用するかでいくらか異なる結果となる。従来機器（鍋、釜）でのクックチルでは、メニュー幅増大とパートタイマーの活用は期待できない。また、美味しさの向上と安定も難しいかも知れない。

スチームコンベクションオーブンを活用してのクックチルでは、上記の課題のすべてを解決または改善の方向に向けることができる。具体的には上記の①から⑨は以下のようになる。

① 製造コストの低減は、夜間および早朝調理を無くすこと、および2～3日分のまとめ作りができることから可能。また、包装後加熱を利用して保証期限を大幅に伸ばしてさらにまとめ作りを進めることができてコスト低減が可能。
② 廃棄ロスは、クックチルによる保証期限の延伸により低減。
③ 美味しさ向上はスチコンの活用により、より高い品質で安定化。
④ 作りたて感は急速冷却による品質保持でアップ。
⑤ メニュー幅はスチコンの活用により増大。
⑥ スチコン調理をマニュアル化すればパートタイマーの活用が進む。
⑦ 急速冷却とその後の温度管理で添加物は減量または不使用。
⑧ 安全性は急速冷却と温度管理で向上。
⑨ 配送コストは保証期限の延伸により配送回数を減らして低減可能。

図 2-8 は中～大規模の弁当・惣菜工場の例として、当日早朝調理（破線）と前日クックチル調理を比較したもので、時間経過による一般生菌数の推移（推測）を示したものである。従来は早朝から調理作業を始めて昼食に間に合わすという方法が一般的であるが、クックチルでは前日昼間に加熱調理、急速冷却という方法をとるために早朝手当ては不要であり、また通常の昼間調理であるために質の良い労働力を安定確保しやすいと言える。また、従来調理の中～大規模では真空冷却機を使用することが多く、冷却は 10 ～ 20℃近辺までであり安心できる温度ではない。一方、クックチルでは加熱調理後に安全な 3℃までブラストチラーで急速冷却する。クックチルした弁当の具材や惣菜は盛り付けのために翌朝に冷蔵庫から取り出されても 3℃から徐々に周囲温度まで上がっていくことから、当日調理で 20℃程度まで冷却した食品より安全となる。なお、冷蔵状態から取り出して盛り付けすると見栄えが良くない食品は再加熱して粗熱をとり盛り付けることがあるが、限定的なメニューにしか適用する必要がないので全体的な安全性は変わらない。

英国、ロンドンの大手スーパーマーケットチェーン店舗にはバラエティある惣菜が陳列されていてそれらのほとんどがチルドである。以前に英国で主流であった冷凍惣菜はチルド惣菜の 10 分の 1 程度となっている。日本のコンビニ店舗への配送は 3 ～ 4 回／日であるがこのチェーン店では 1 日 1 回早朝のみとなっている。期限切れの廃棄ロスや配送回数が少ないことは、近年の環境保護の方向性と合致している。惣菜に添加する保存料が少ないまたは不要であることと合わせて、日本もこれからはこの方向に進むことができないものだろうかと思う。写真はこの店舗のチルド惣菜ショーケースのものである。

図2-8　弁当、惣菜調理へのクックチルの利用

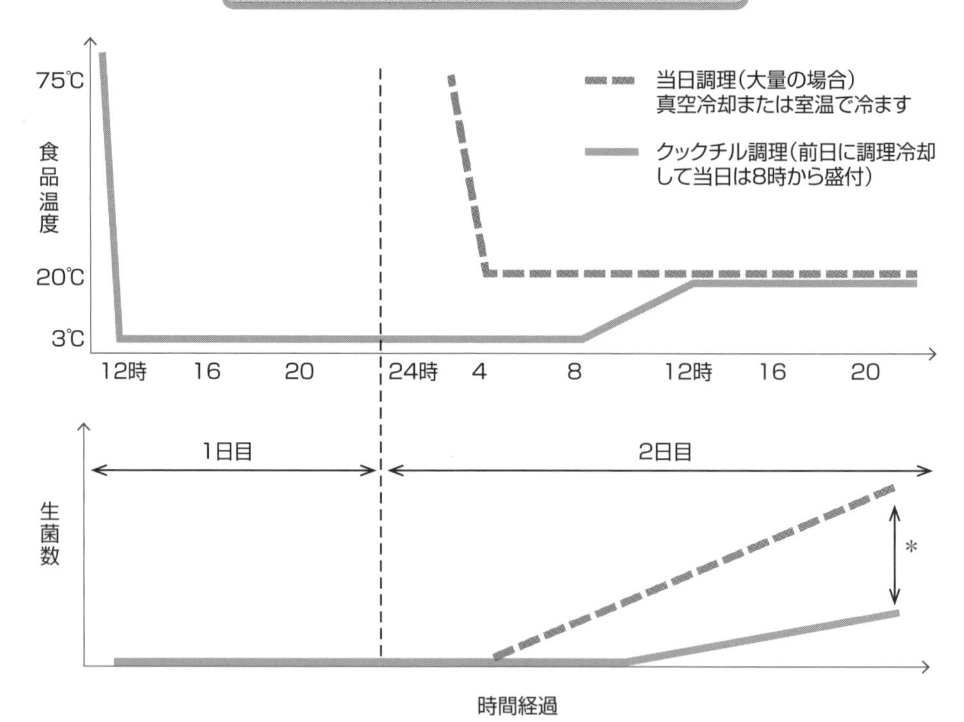

*クックチルでは食品は盛付開始時に3℃であるが、当日調理では
20℃近辺からはじまるため生残菌数の増加は大である

ロンドンのスーパーの惣菜売り場
(豊富なメニューのクックチル製品が販売されている)

第2章—8

集中調理センター（セントラルキッチンまたはセントラルプロダクションユニット）

病院、老人施設、社員食堂、在宅高齢者などに調理済みの食事を供給するクックチル方式のセントラルキッチン（CK）またはセントラルプロダクションユニット（CPU）は、英国、オランダなど欧州でよく見られる施設である。欧州においても国によっては調理済みの温蔵配送をしているところもあるが、衛生関連で厳しい法規がある英国、ドイツ、オランダなどの国々ではクックチル配送が主流となっている。

英語圏ではセントラルプロダクションユニットと呼ばれて、衛生管理はHACCP（危害分析重要管理点方式）が採用されている。CPUは構造的にも運営上でも厨房というより食品工場に近いものとなるが、多品種少量のメニューも調理生産できるような設備になっていることが特徴である。

日本においても医療福祉分野の病院、施設に調理済みの料理を配送するセントラルキッチンは年々増加傾向にある。日産500食程度から1万食を超えるような規模でほぼ全国に存在するが、その中心的規模は3,000～4,000食と推定される。

院外調理が法的に許可されたのは1996年3月である。病院食調理の合理化を求めて院外調理施設数は急激に増加すると想像されていたが、許可から1年近くは当時の厚生省はクックチルを「温めなおし」と解釈して、適温加算（特別管理加算）を与えないという状況が続いた。院外調理を認可したのも、適温加算を与えないこととしたのも同じ厚生省であったが異なる局が担当していたので奇妙な状況を生み出してしまったようである。

2022年末で全国では約150カ所の病院食・高齢者食の調理センターが稼働していると推定されるが、全般的に採算面では楽ではないようである。HACCPシステムの構築に有利なように建物と設備面に過大な投資をした結果であろうか。サテライトになる既存施設の事前調査が不十分であったり、センターの必要調理スタッフ数の算定が甘かったりということも要因として考えられる。要するに調査検討が十分でないまま建設に進んだということになる。しかし、採算だけで論じることは適切でないと言える。グループ内の各々の病院や施設で調理提供していた時と比べると食事の安全性が格段に上がったというグループは多いはずである。クックチル方式で調理、配送してサテライトで再加熱提供するので、温度・時間管理（TT管理）が完全になり安心できるという声も聞こえてくる。

クックチル方式の集中調理センターの利点としては、

・ TT管理の徹底で食の安全性が向上する
・ 大量調理による調理コストの低減
・ 再加熱提供による食事提供の適温化
・ 閑忙の平準化による生産性向上
・ 多種メニューの提供が可能
・ 料理品質の安定
・ 食材の集中購入による仕入れコスト低減

人件費および建物、機器への投資額が事業として採算性があるかどうかはCK（またはCPU）とサテライトを合算した合計額で判定することになるが、サテライト単体では、

・ 厨房のコンパクト化（床面積削減と機器コスト減）
・ 厨房作業の軽減（人件費低減）

が利点として挙げられる。

センター化することにより様々な利点はあるが、採算性に関わる部分はサテライトとCKの合算で算定しなければならない。全体の食数が1日2,000食程度でサテライトが2～3カ所でCKを計画する場合、サテライトの減員数の合計が新たに建設するCKの運営スタッフ数より少ないことがあり得るのでサテライト運営スタッフ数については楽観的な人員見積もりをするのではなく厳しく算定すべきである。

自グループでCKを建てて運営するのではなくクックチルした患者食・高齢者食を外部CKから購入する場合は、料理品質が合格であるならこれまで続けてきた院内調理の総コストとの比較で購入するかどうかを決めれば良い。ただし、CKからの購入に際しては、CKが地震、火災などで被災した場合、または食中毒の疑いにより営業停止になるなどの供給不可能時における危機管理対策を考慮しておく必要がある。

グループ内外を問わずCK化により不利になることや問題となる可能性があることを以下に記すので検討、計画時の参考になれば幸いである。

・ 採算性　⇒減価償却および予想以上のスタッフ数が運営に必要
・ 美味しくない　⇒調理スタッフの能力が起因？適切にクックチル調理されていない？
・ CKとサテライトの関係が不調和　⇒食事に間違いが多い、人間関係が円滑でない
・ サテライトに配置された調理師の仕事が単純労働になり不満
・ 食事変更への対応が困難またはコスト増となる
・ クックチル調理によりメニューに制限ができる

十分な投資をして立派なCKを建設したが、操業開始から5年以内に操業停止となった例がいくつかある。原因としてCKとサテライトキッチン（SK）の関係が円滑でないことがあったと聞いている。CKから送られて来る食事に間違いが多いことなどが始まりで、早期に関係修復しなかったために溝は深まり、CKではダメだとの結末になったのである。サテライトは以前の院内調理に戻ることになり、CKへの投資、計画から運営開始までに

表2-4 集中調理センターを建設するまでの道程

現状分析⇒患者食の調理～提供までの問題・課題の明確化

例えば、
- ・食の安全性に不安あり
- ・食味の向上と安定を実現したい
- ・適温提供ができていない
- ・サテライトの厨房床面積を減じたい
- ・老朽化していて厨房改装が必要
  等々

将来の医療法改正などの社会的変化で保険給付が変わるかどうか

集中調理センター建設により諸々の問題を解決できるかどうか？

同時に不利になる点を明確にすること

集中調理センター建設の価値があると総合判断されるなら

フィージビリティ・スタディ（実現可能性調査検討）を行う

サテライトになる病院、施設の内容は ⇒ 急性期、回復期、療養型、精神科、老人福祉施設等
バルク配送または再加熱カートのシャトルで配送するかを施設ごとに決める

建設コスト算定

- ・用地取得費用
- ・必要面積から建築コスト算定（設備含む）
- ・外溝など
- ・水処理設備
- ・厨房機器
- ・コンピューターソフトの費用
- ・立ち上げ費用（採算の合う生産量になるまで）
- ・コンサルタント費用（独自で調理システム構築する場合は不要）

3食／日の生産コスト算定

- ・建設コストの減価償却
- ・食材費
- ・労務費
- ・ランニングコスト（水光熱他）
- ・その他（洗剤、消耗品、健康診断、検便、機器保守修理費等）
- ・配送費（委託または自前の車両と運転手かの選択）

集中調理センター建設の利点、不利点、採算性などのすべてを考慮して建設可否を決定する

かけた努力と時間がすべてムダになった。

CK 計画においては CK 建設の可否を決めるために、自力で、またはコンサルタントに依頼して実施するフィージビリティスタディ（実現可能性の調査検討）が必要である。フィージビリティスタディにより建設可否を決めるまでの道程を表 2-4 に示す。検討不十分な場合、その結果として赤字運営を長い間引きずり、さらには不満足な労働環境で、院内で調理していた時より美味しくない食事を提供することになる。このような事態を招くよりコンサルタント費用や調査費を一時的に支出するほうが賢明である。

決して CK を否定しているわけでない。CK のほうが食事の安全性が向上して、調理師の労働環境も良くなるので賛成であるが、実際には赤字経営の CK を時々見かけるので慎重になって欲しい。また、経済性だけを見るのではなくて、食事の安全性や災害時対応など総合評価で検討して欲しいと思う。

学　校

日本の学校給食のクックチルは広まらなく残念に思う。欧米では多くの学校はクックチルによるセンター方式であることに比べると、なぜかという疑問をずっと感じてきた。

厚生労働省が管轄する病院の患者食、および介護施設の食事は、院外・施設外で調理する場合はクックチル、クックフリーズ等でなければならないとなっていることと比較すると、理解することが難しい。学校給食で行われている常温配送は、患者食、そして老人福祉施設等で提供される高齢者食では許されず、冷蔵または冷凍配送と決められている。これらの医療・福祉施設のやり方のほうが衛生的に理にかなっているし、高い衛生管理水準を維持する欧米のフードサービス先進国でも常識となっている方法である。

参考までに学校給食でクックチルを利用した場合、どのような利点があるかを簡潔にまとめることにする。

① 朝の数時間でこなしてきた加熱調理および一部の冷却を伴う作業は、毎日７～８時間となり平準化されるので、加熱調理機器の単位時間当たりの処理能力は現在の３分の１程度で済むことになる。言い換えれば、回転釜が９台並んでいるところは３台で足りることになる。

② 平準化に伴い作業効率も向上して、現在より少人数で調理できるようになる。

③ 調理場の建物構造（床、壁、天井他）、空調設備、交叉汚染の無いレイアウト、衛生的な調理機器等の整備と導入を適正に行えば、現状の学校給食より高い安全性を確保した食事提供ができる。これは建物や設備が特殊であることを意味せずコストアップを伴うものではない。

④ クックチル調理センターは学校だけでなく、医療福祉関連の施設や在宅高齢者への食事供給ができるようになり、経営効率が向上する。また、学校の春夏冬の休みの間は他の目的に利用できる可能性が生まれる。調理日を含めて５日間の消費期限は、柔軟性のあるケータリング機能となり、その地域全体をカバーできるものである。

⑤ センター方式の場合、各サテライト（各学校）で再加熱をすることにより、完全に適温提供できるようになる。適温提供は美味しさアップを助けることになる。再加熱オーブンを新しく設置するコストがかかるが、センター側が少ない機器で運営できて省スペースになるので全体のコストとして算定すべきである。

繰り返しになるが、学校給食はクックチル導入により安全性が向上して、経営の柔軟性を持つことができて、人件費低減につながることを強調したい。特に財政難で困窮している地方自治体に導入を勧めたい方法である。

配　送

クックチルした料理を冷蔵配送する例は今までに述べてきたすべての食分野で見られるので本章での共通項目として扱う。

1 配送時の包装形態

概ね以下の3形態に分かれる。

① **ホテルパン**：ガストロノーム（GN）サイズと呼称される世界共通の標準サイズである。GN1/1は530×325mm、GN2/1は530×650mmであり、クックチル配送にて使用されるサイズはGN1/1で55～65mm深さが多い。55～65mm深さが多用される理由は、加熱調理（スチコン）から急速冷却（ブラストチラー）の工程でホテルパンに食材を50mm深さ以下に入れないと90分以内に3℃まで冷却できないからである。

② **真空パック**：食数が少ないなどGN1/1サイズのホテルパンでは容器として大き過ぎる場合、ミキサー処理したものや液状の食品はこぼれなくてコンパクトな真空パックが使用される。ホテルパンはすべてのメニューについて使用できるが、真空パックは焼き物、揚げ物、炒め物メニューについては開封後にパック前のカリッとした（あるいはクリスピーな）表面状態が維持されにくいことに注意を要する。煮物、蒸し物については全く問題なく真空パックできる。

③ **丸型食缶**：主としてスープや汁物の配送に使用する。ただし、深さがあるために90分以内に3℃までの冷却が困難であるので、食缶に加熱調理後の液状物を入れて冷却することがないように注意すること。使用は配送専用とするが、コンロにかけて加熱することができる食缶はそのまま再加熱してもよい。

その他として、食器に盛り付けた状態で運ぶ方法や加熱にたえる紙容器に入れる方法もあるが、その例は日本においては少ない。

2 配送方法

配送温度は厨房内の保存温度と同じく食品の中心温度で0～3℃を守ること。短時間なら5℃までは許容できるが、5℃を超えた場合は10℃までであれば12時間以内に再加熱提供できる。10℃を超えた食品は廃棄するルールになっている。

① 冷蔵車による保冷配送

配送量が多い場合や配送が遠距離になる場合は冷蔵車による配送が必要となる。冷蔵車で配送する場合は0～3℃の保存温度を維持できれば長時間（例えば10時間以上）になっても支障はない。

クックチルCKの出荷前冷蔵

PTフレックスカート

② 保冷ボックスによる配送（冷蔵車不使用）

保冷性の良好なボックスに蓄冷剤を入れれば1時間程度の配送は可能である。保冷ボックスによる配送は100床程度までの老人施設や小規模社員食堂への配送によく見られる。

ポリプロピレン製の軽量保冷ボックス

保冷ボックス「サーモポート」

写真提供：エレクター株式会社

第3章

真空調理、クックフリーズ、包装後加熱・冷却

調理冷却後に5日間の保存が可能なクックチルだけを導入するだけでは合理的なシステムになりにくい場合は、真空パックや冷凍を利用することになる。保証期限を延ばすことが主目的になるが、真空調理を利用すれば新たなメニューを生み出すことも可能であるばかりでなく、肉や魚を材料とする場合はクックチル調理より柔らかく高品質な料理を生み出すことも可能である。

第3章—1

真空調理

真空調理は調理法であり同時に保存のための方法でもある。利点は数多くあるが注意点もあるので長短を良く理解して適切に利用しないと調理の手間がかかり過ぎたり、食の安全上で危険を招くこともある。導入前に衛生管理を含めてよく勉強してとりかかるべき調理法である。利点と注意点を整理すると以下のようになる。

利点

① 食材の色、香り、食感を守る
② ビタミン類の損失を少なくできる（低温加熱）
③ 調味料の使用量を少なくできる
④ 従来調理に比較して歩留まりが良い（目減りが少ない）
⑤ 味の均一化が可能、食味の再現性が高い
⑥ 酸素をカットするために酸化による劣化を少なくできる
⑦ クックチルより長い保存が可能
⑧ 加熱調理時に食材中心温度を正確に管理できる
⑨ 加熱調理済み食材のパーツ的管理が可能になる
⑩ 容器使用が減るため洗浄の手間が低減
⑪ 計画調理、調理作業の平準化、温度・時間管理（TT管理）の厳格化による安全性向上などクックチルと同じ利点を生み出すことが可能

注意点(不利点)

① パック詰めおよび開封の手間がかかる
② パック用フィルム（袋）のコストがかかる（反面、容器等の洗浄が減少する）
③ 仕込み方法を間違えると好ましくない臭気、あくを閉じ込めてしまう
④ 袋のピンホールや密封性をチェックする必要がある（管理点が増える）
⑤ 袋を開けないと味見ができないため調味料の間違いなどが最後までわからない
⑥ 低温加熱調理をする肉､魚などは加熱調理済みの食品の菌検査をする必要がある（低温加熱の安全性の科学的裏づけをとる）

スチームコンベクションオーブンの低温蒸気モードを使えば55℃位でも庫内温度を安定させることができるために低温長時間調理が可能になる。レストラン、ホテル宴会調理

では肉、魚の中心部の仕上がりを常に安定させることができて、長時間加熱でサルモネラ、O-157対策にもなる。給食分野では行事食としてローストビーフ、鶏胸肉などを柔らかく仕上げて提供できる。老人ホームではお粥を真空調理して冷凍保存している例は珍しくない。ホテル、旅館では肉、魚の料理で真空調理したものを冷凍保存している例もある。

写真1は、ホテルの婚礼宴会で提供される真空調理のローストビーフである。写真2はホテルの朝食ビュッフェで提供されている筑前煮等である。なお、広義の解釈をすれば、真空調理をしてチルド保存される料理はクックチル、冷凍保存される料理はクックフリーズとして分類することができる。

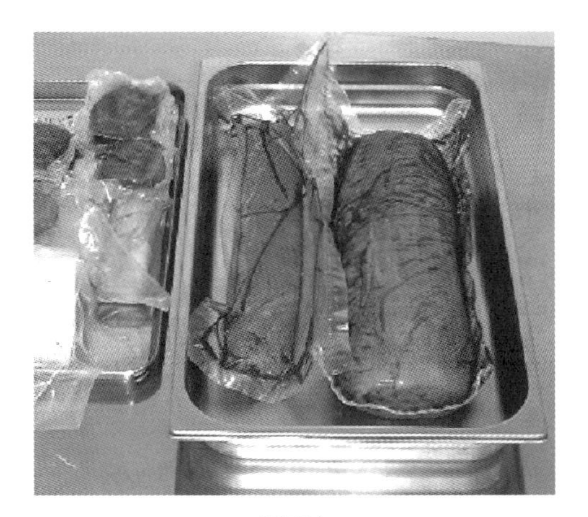

写真1

写真2

肉、魚の調理で真空調理の利点を引き出して柔らかく仕上げるためには、低温加熱をすることになるが、温度×時間が殺菌効果の高低を決めるので低温加熱になれば時間を長くしなければ十分な殺菌効果を得ることができないことになる。例えばサルモネラ菌の死滅は中心が65℃に達してから最低3分間とされている。肉の場合はO-157、サルモネラ菌を標的とするが、他の食材ではその食材が持っているかも知れない菌やウイルスが死滅または安全なレベルまで減じられる温度×時間をかけることになる。したがって給食調理のように75℃×1分間以上というように簡単ではなく、真空調理する食材によっては殺菌効果を科学的データとして前もって得ておく必要がある。

低温加熱の真空調理を安易に取り入れることは細菌性食中毒の危険を伴うことになる。安全に運営するために必須のポイントを以下に記すので、注意して取り組んで欲しい。

・ 新鮮で良質な食材を使うこと
・ 高い衛生を保持できる厨房で下処理等パック前の作業をすること

・ 衛生手袋を使用して、まな板、包丁、調理器具の消毒を徹底すること
・ 加熱調理後は90分間以内に芯温3℃以下に冷却すること
・ 嫌気性のボツリヌス菌、ウエルシュ菌などの生息場所と特性を知ること

特に、嫌気性の菌については、過去に真空パックの辛子レンコンが常温で販売されたためにボツリヌス菌による死亡事故が起こっているので、真空パックしても冷蔵管理が必要であることを再度認識して欲しい。真空パック品は温度管理が緩くても良いという誤解がある原因として、身近な食生活にレトルトパック（真空パック）があふれていることがある。レトルトパックの場合は食品表示に必ず加圧加熱殺菌処理していること、保存は冷暗所で良いことなどが記されているので、レトルト品か単なる真空パック品かを見分けて取り扱わなければならない。

真空パックは便利（真空調理ではなく保存目的として）

・ 1人分の個食パックはもちろんのこと、パックしたい食数（または分量）をパックできて、ホテルパンなどの容器に比べて保存に要するスペースがコンパクトになる。
・ 1食、3食、5食パックなどを組み合わせることにより、必要な食数のみを（温めて）提供できる。
・ 霜のつかない冷凍ができる。
・ 冷蔵または冷凍保存中に食品を汚染するリスクを減らすことができる。

ある程度の量をまとめてパックする場合は、500～1,000 gまでのパックにしたほうが扱いやすい。また、食品を入れたパック（袋）の厚みは、できるだけ2 cm程度までにおさえるほうが、冷却、冷凍する際に短時間に目標温度にすることができ、提供時に湯煎やスチコンで温める際も時間が長くならず、時間を標準化しやすい。

外部に配送する場合にも配送中に汚染することがない。食品の引き渡し時の温度測定では、食品温度計の測定針を2つのパックではさんで温度を取る。カチカチになった冷凍品は、4枚程度の層状に重ねたアルミ箔の間に測定針を差し込んで（箔ではさんで）、2つのパック間で温度を取る。はさんで1分間程度待てば、中心温度に近い測定ができる。

表面温度計を使用する方法もあるが、パック表面からの反射などにより測定値に不安がある場合には、上記方法を使って欲しい。

第3章—2 クックフリーズ

加熱調理後ただちに急速冷凍する方法をクックフリーズと呼ぶ。ヨーロッパで1970年代にクックチルの導入が始まったが、それ以前には合理化の方法としてクックフリーズが使われていた。病院、老人ホームで広く提供されていた時期があったが、美味しくないので多くのメニューがクックチルに代わっていったという経緯がある。しかし今でもヨーロッパでは病院、老人ホーム、社員食堂などでクックフリーズ品のみを提供しているところを見かける。日本のように肉または魚と葉野菜を組み合わせた主菜は少なく、肉は肉だけで調理して野菜を別に調理して付け合わせとすること、また、冷凍に向く野菜を多用しているから許容できるのであろうか。

日本においても一般家庭の冷凍庫には多少なりともクックフリーズ品が入れられている。炒飯、おにぎり、お好み焼き、麺類などで冷凍適性があるもので電子レンジで温めてすぐに食べることができる食品である。これらは食品工場で工業的に生産された調理済みの冷凍品で賞味期限は6カ月以上ある。

さて、本項では厨房で作るクックフリーズ食品について記す。日本ではクックチルについては英国のルールが広く知られて利用されているが、クックフリーズについては知られていない。ここでは英国保健省のChilled and Frozen Guidelines on Cook-Chill and Cook-Freeze Catering Systems, Department of Health（1993年）からクックフリーズに関する部分を抜粋したものを参考として記載する。

抜粋

① 冷凍は加熱調理とポーショニングを終了した後できるだけ早く開始し、加熱調理機から取り出して30分以内には開始しなければならない。

② 食品は急速冷凍機に入れた後90分以内にその中心温度を－5℃以下にして、その後－18℃の保管温度に到達させなければならない。

③ 冷凍後、部分または完全に解凍した食品は再冷凍してはならない。解凍温度が不明である食品は食用に使用してはならない。

④ 急速冷凍機には必ず自動温度監視装置がついていること。庫内温度を正確に示す温度指示計が外部に装備されていること。

⑤ クックフリーズした食品は－18℃以下で保存すること。

⑥ クックフリーズした食品の保存期間は食品の種類により異なるが、一般的には8週

間までであれば栄養または食味において目立った損失はないと考えられる。この期間を過ぎると高脂肪の食品では異臭が出ることがあるが、他の食品はこれより長い期間保存しても問題はない。容器には食品名を明示することが必要であり、バッチ番号、製造日、消費期限も明示して、在庫の先入れ、先出しを守れるようにすること。

⑦ クックフリーズした食品は配送後においても冷凍保存されることがしばしばある。この場合、冷凍保存が許されるのはその食品の一部分も解凍状態になっていない場合のみである。再び冷凍保存する場合、温度は速やかに－18℃以下に戻るようにしなければならない。

⑧ 冷たい状態で提供するデザートのような冷凍食品は提供前に冷蔵温度まで解凍するだけで良い。他の冷凍食品では再加熱前に解凍が必要なものもある。衛生上の理由から、解凍作業は他の食品取扱とは分離して行わなければならない。温度上昇は十分に管理して、可能であれば自動にして最短の時間で目標とする温度に到達するようにする。

⑨ 解凍した食品は＋3℃以下で保持して、再加熱が始まるまでに＋10℃を超えないようにしなければならない。急速解凍庫で解凍した食品は24時間以内に消費しなければならない。

日本にはクックチルおよびクックフリーズに関する法令や指導基準がないので、給食やホテルで長年の利用実績を持つ英国のガイドラインを参考にすることが得策であろう。ついでながらフランスなどいくつかの国にもこのガイドラインに類するルールがあるが、筆者の知る限りでは英国のクックチル／クックフリーズのガイドラインが温度・時間管理を最も厳しく規定している。

なお、上記ガイドラインの項目②に、中心温度を90分以内に－5℃以下にする、と記されているのは、－1～－5℃の最大氷結晶生成温度帯の短時間通過を意味している。

保証期限が5日間のクックチルに比べて8週間冷凍保存できるクックフリーズは運用上便利な方法であるが、冷凍により食味が落ちることがあるので各々の食材の冷凍適性を知って利用することになる。

3章—3

包装後加熱・冷却

クックチルをすでに導入している病院等で最近、包装後加熱・冷却が利用されはじめている。この方法は惣菜調理において以前から利用されているもので煮物類、厚焼き卵、練りサラダ類などに使用されてきた。真空パックして袋ごとスチーム加熱するので真空調理の一方法とも解釈できる。工程をわかりやすく図示する。

図3-1　クックチルと包装後加熱･冷却の調理工程

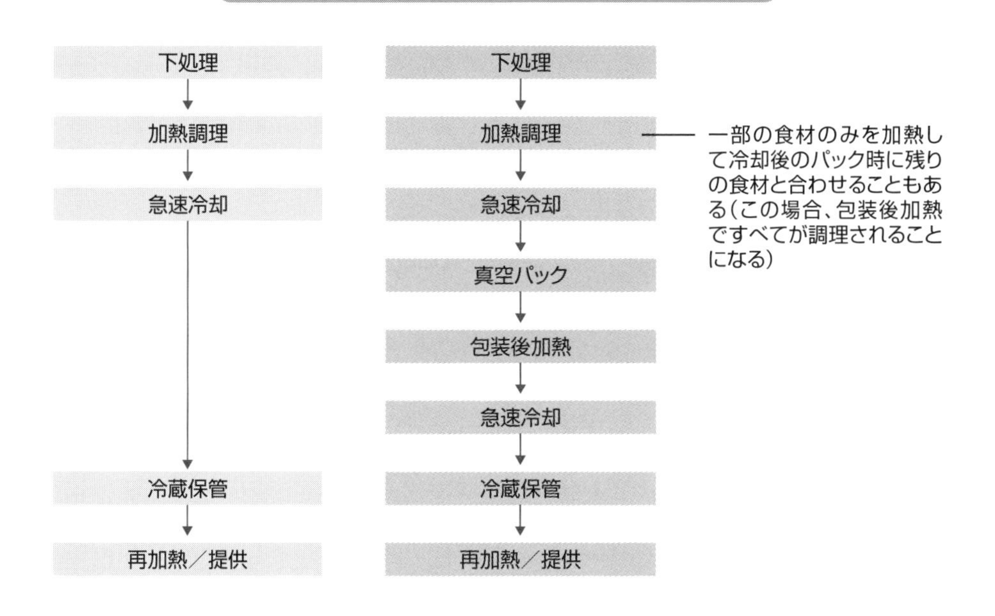

クックチルでは調理生産と消費する日の両日を含んで保存日数が5日間であるのに対して包装後加熱・冷却では食材の種類などによるが、チルド温度帯で一般的には2週間以上保存できることが大きな利点である。クックチルで5日間となっているのは、冷風を吹き付けるブラストチラー冷却であることに起因する。庫内の冷風は厨房内の空気であり、真菌を含む浮遊菌が常在しているため日持ちしない。一方、包装後加熱・冷却では真空パック後に袋の外からスチームまたは熱湯により加熱することにより、真菌をはじめとする菌がほぼすべて殺菌されることになる。ホットパックと呼ばれる調理直後の食材を熱い状態で包装する方法と同じ原理である。

第4章

クックチルの衛生管理

クックチルは、従来の衛生管理方法では否定されていた前もって調理する方法である。従来の常識をくつがえしたのは温度・時間管理（TT 管理）の徹底によるものである。クックチルと真空調理は TT 管理という言葉をもたらし、調理する人たちがより科学的に衛生管理になじめるようにした。近年、日本の調理現場の衛生管理レベルは上がっていると感じられるが、TT 管理がその役割を担ったのではないだろうか。

注：TT = Time and Temperature

第4章—1

衛生管理の基本

衛生管理の基本は、従来調理（クックサーブ）でもクックチルでも変わるものではない。食中毒防止の三原則の、菌を付けない、菌を増やさない、菌を殺す、が基本である。その中で増やさないための方策としてはTT管理（温度・時間管理）が重要であり、病院や施設の厨房現場では食材の調理温度を測定し、各々の調理作業の開始と終了時刻や冷却などにかかった時間を記録することが普通になっている。しかしながらノロウイルスに起因する食中毒患者数が40%*を超えている現在、三原則とTT管理だけでは全く不十分な状況である。

これまでは気候条件が菌の生育、増殖に適することから春から初秋までが食中毒の要注意時期とされてきたが、ノロウイルスによる食中毒は10月から3月までが多発時期であるため、季節的に論じることはできなくなっている。

食中毒菌対策として管理すべきポイントを図4-1に示す。太い四角形で囲まれていることが管理ポイントであり、“持ち込まない”から始まり、“付けない／増やさない／殺す”の三原則が次の管理ポイントとなる。最後は“増やさない”ためのTT管理となる。ただし、これらは微生物危害のみの防止策であり、物理的危害である異物混入、薬品や自然毒による化学的危害についても十分な防止策を講じなければならない。図4-1は筆者が栄養士、調理師を対象とする衛生講習で使用しているものであり、これさえ記憶しておけば何が危なくてルール違反であるか、今自分がしている作業が安全かどうかは判断できるので講習ではすべて覚えてもらうようにしている。見出しを“自分で考える安全な食作り”としている理由である。

さらにわかりやすく食中毒発生のメカニズムを表すと図4-2になる。危害因子である菌や汚染、さらには増殖に必要となる適温、時間を各1個の鎖の輪に例えて、これらがすべてつながり、連鎖となった時に食中毒が発生することを示している。これは細菌性食中毒のメカニズムであり、ノロウイルスは別に扱わなければならない。

ノロウイルス対策は図4-1に記されている“持ち込まない”と“付けない”、そして汚染の可能性がある食材については加熱調理による“殺す”である。ノロウイルスについて知っておくべきことを箇条書きにする。

① 栄養・水分・適温が揃えばどこでも発育できる細菌とは異なり、人や動物に寄生し

* 厚生労働省の2021年統計では、ノロウイルス食中毒件数は全体の10%、患者数は42.7%となっている。

図4-1　自分で考える安全な食作り

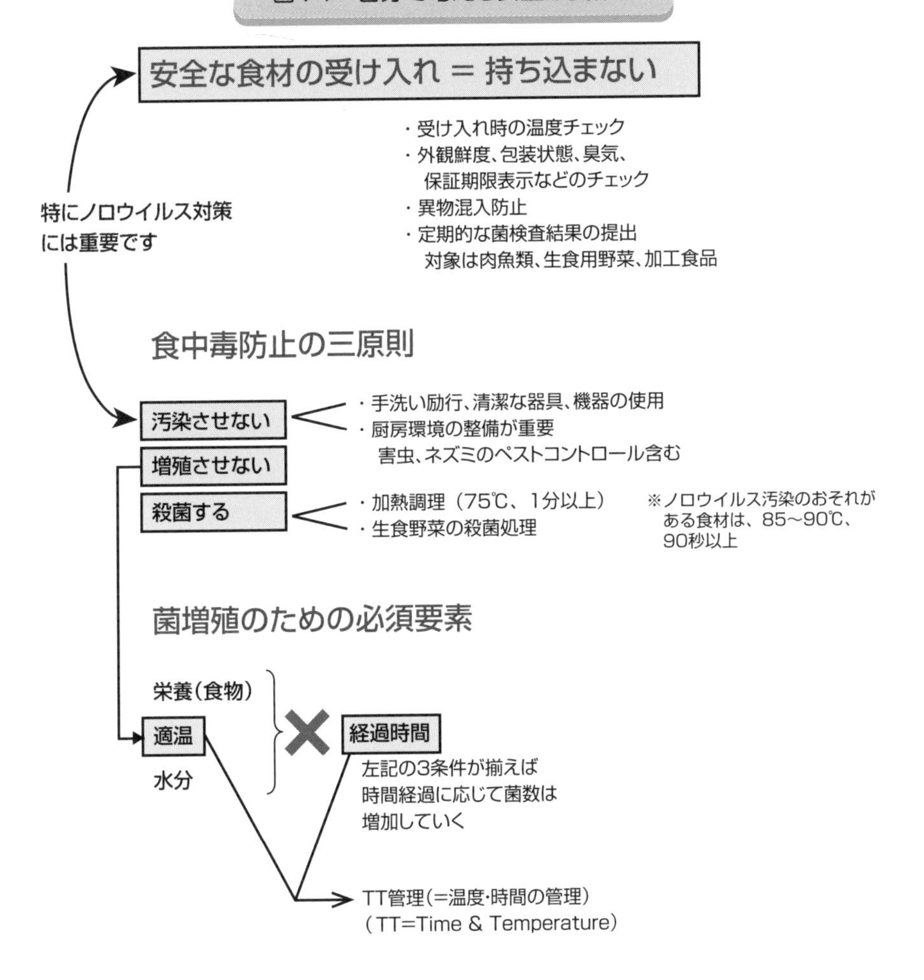

※上図は微生物危害のみに関することなので、
物理的危害と化学的危害を別に注意することになる。

図4-2　細菌性食中毒発生のメカニズム

食中毒発生の連鎖

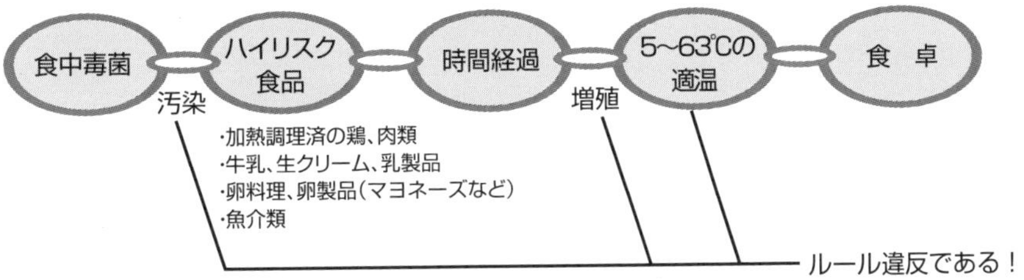

食中毒菌 ―汚染― ハイリスク食品 ― 時間経過 ―増殖― 5～63℃の適温 ― 食卓

・加熱調理済の鶏、肉類
・牛乳、生クリーム、乳製品
・卵料理、卵製品（マヨネーズなど）
・魚介類

ルール違反である！

汚染⇒適温⇒時間経過により複数因子が鎖のようにつながると食中毒発生!

た時（体内に入った時）のみに増殖できる。したがって細菌とは異なり微量を取り込んでも発症する。

② 細菌に比べて極めて微小なので、空気中を浮遊することがある。(直径38nm)

③ カキ、二枚貝が保有していることが知られているが、人の手を介してノロウイルスに二次汚染されたパンや海苔が原因食品となる食中毒が発生している。

④ 次亜塩素酸ナトリウム溶液希釈液への浸漬、または加熱（85～90℃、90 秒以上）が殺菌方法。 消毒用アルコールでは殺菌効果が薄い。

⑤ 感染すると症状が治癒しても、3～4週間はノロウイルスを排出することがある。

⑥ 下痢などの症状がまったくない、不顕性のノロウイルス感染者がいることも知っておくべ きこと。

毎年10月から翌3月までは食を介さないノロウイルス感染症も多発しているので、調理だけでなく食品を取り扱う人は感染しないための予防が必要である。外出から帰宅した際の手洗い、うがいの励行はもちろんのこと、感染の疑いがある時は自ら進んで検査を受けるなど、影響が他人（喫食者）におよぶ可能性を有する食品取り扱い者としての自覚が必要である。

食中毒を起こさないためにしなければならないこと、その逆にしてはならないことは知識としては難しいことではない。しかし、防止の理屈がわかっていてルールを決めていても守らない人がいるので完全に抑え込むことが困難となる。

肝心なことは常に衛生についての注意を喚起して継続的な講習や自主勉強会をしていくことである。意識に緩みが出ないように同じことを言い続けて定常的にルールを守るようにすることが必要である。

HACCPによる衛生管理

4-4で「HACCPの考え方」、4-5で「HACCPの考え方を取り入れた衛生管理で実際に行うこと」を説明する前に、HACCPの全体像を理解していただくためにこの項（4-2）を設ける。

給食分野では毎日調理するメニューが変わり、さらには病院等の治療食を含んで1日3食提供するところではメニューは複雑多岐になるので、衛生管理は一定範囲の製品を繰り返し製造する食品工場に比べると格段に難しくなる。難しくなる分だけ調理スタッフの意識向上と作業中の動作について衛生ルール遵守が厳しく求められることになる。

レストランなどの飲食店で高度衛生管理をする場合は給食分野のようにメニューは日々変わることはないが、一般的に厨房が狭いこと、食材の流れが汚染から清潔作業まで衛生管理のルールに従って整っておらず、作業性重視のレイアウトになっていることから、一層のスタッフの衛生意識が求められることになる。しかし宴会や大グループへの食事提供を除いて調理から提供までの時間が短いことがホテルの宴会や給食とは大きく異なる衛生的に有利なことである。

HACCPによる衛生管理は過去にはしばしば建物や機器、すなわちハードウエアを中心に据えて論議されることがあり、そのような場面に出くわすたびに非常に物足りなく感じていた。ハードウエアは大切であるが、調理スタッフだけでなく、原材料の厨房への搬入から始まり、調理後の搬出から提供までの食品取り扱いに関わる全ての関係スタッフを、いかに持続的に衛生教育していくかを最重要と考えるべきである。厨房レイアウトが最適ではなく、原材料から調理済の料理までの食品フローにやや問題があるから、また厨房が古いからHACCPを導入できないと言っているのを聞くことがある。これはできないのではなく、厨房の運用ソフト（作業方法・手順）を衛生面から見直す必要がある、新たに運用に関するマニュアルが必要になる、さらには管理・記録する事項が多くなる、という表現に変わるべきである。

この項では、HACCPの基本的な知識を記す。図4-3は衛生管理システムを構築する際の3つの段階を表している。**第1段階**は、環境と機器に関わる部分として、ハードウエアの整備である。厨房内の空気の流れが清潔域から汚染域に向いていること、原材料から調理済食品になるまでの流れ（フロー）ができるだけ一方通行になっていること、厨房の

図4-3　HACCP構築の道程

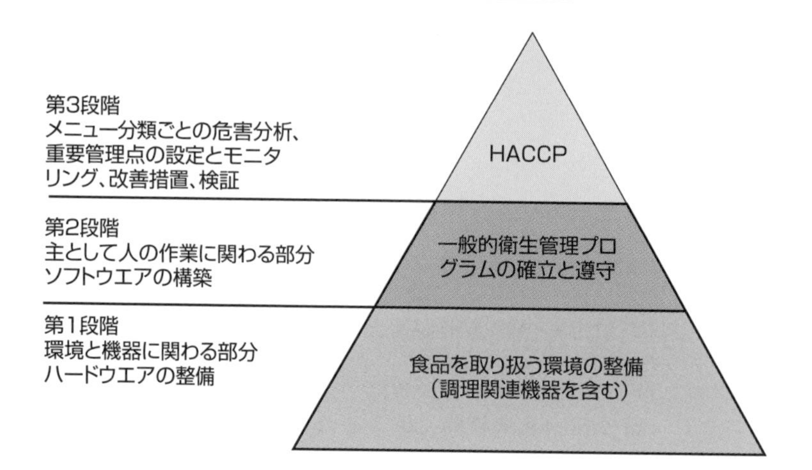

床や壁が清掃しやすい構造と材質であること、調理機器類の洗浄・消毒が容易にできること等々で、衛生管理が容易になるように整備することである。また加熱・冷却・冷蔵・冷凍などの温度が各々で連続記録できるなら楽になり、要した時間や時刻の自動記録があれば尚良い。

第２段階は、主として人の作業に関わることと機器・器具等の保守点検など厨房、食品施設を運用するためのソフトウエアの整備である。

以下の10項目を網羅して、必要に応じてマニュアル（手順書）を作成し、実施したという記録を残すことが必要になる（一般衛生管理で網羅すべきこと）。

1. 施設の保守点検及び衛生管理
2. 設備及び機械器具の保守点検及び衛生管理
3. 食品等の衛生的取り扱い
4. 従事者の衛生教育及び衛生管理
5. 従事者の衛生管理
6. そ族・昆虫の防除
7. 使用水の衛生管理
8. 排水及び廃棄物の衛生管理
9. 製品等の試験検査に用いる機械器具の保守点検
10. 製品の回収方法

上記の項目については、食品を取り扱うすべてのスタッフおよび設備・機器を保守管理する従業員を対象にするマニュアル作りが必要となる。このマニュアルは「手順書」と呼ばれるものである。マニュアルはSSOP（衛生標準作業手順書＝Sanitation Standard Operating Procedure）とSOP（標準作業手順書＝Standard Operating Procedure）の2種類に分かれる。SSOPは衛生管理に関する手順のことで、その内容としては「いつ、どこで、だれが、何を、どのようにするか」がわかるように記すことが必要となる。SOPは、床清掃の手順や機器の取扱い、保守点検、清掃などの手順を取り決め、記したものである。

1～10を網羅し必要なマニュアルと記録用の書類を作成して使用することはHACCPを導入するための前提条件となるものである。

第3段階は、HACCPであり、12手順7原則に従い構築する。

1. HACCPチームを編成する
2. 食品の説明・記述
3. 食品の使用方法の明確化
4. 調理工程一覧図、施設レイアウト、標準作業手順書（マニュアル）の作成
5. 調理工程一覧図の現場確認
6. 危害分析を実施　（原則1）
7. 重要管理点（CCP）の設定　（原則2）
8. 管理基準の設定　（原則3）
9. CCPのモニタリング方法の設定　（原則4）
10. 改善措置の設定　（原則5）
11. 検証方法の設定　（原則6）
12. 記録の維持管理　（原則7）

第1段階は衛生管理の基盤（土台）であり、衛生の観点から良好な環境（厨房、食品施設）が作られ適切に機器が選定・設置されているなら、第2段階では管理すべきことが少なくなり、必要とされるマニュアルも少なくなる。

以上、第1～第3段階まで概説した。上表の原則1～7は4-4「HACCPの考え方」で具体的に解説する。

第4章—3

HACCPの制度化
—HACCPに沿った衛生管理

食品衛生法の改正によりHACCPによる衛生管理が制度化され、2021年6月1日よりすべての食品等事業者は「HACCPに沿った衛生管理」に取り組むことが義務化された。

すべての食品に関わる分野は下図に示す2つの分類のどちらかに属することになり、大規模な食品・惣菜工場を除き、この本にクックチル導入の対象として記述する分野は右側の小規模な営業者となる。病院、介護施設、社員食堂などの給食施設、ホテル・宿泊施設、飲食店、弁当惣菜店/工場、セントラルキッチン等は「HACCPの考え方を取り入れた衛生管理」が義務付けられている。(ただし、1回の提供食数が20食程度未満は除く)

原則、全ての食品等事業者(食品の製造・加工、調理、販売等)は HACCPに沿った衛生管理の実施が必要です

食品衛生上の危害の発生を防止するために特に重要な工程を管理するための取組(HACCPに基づく衛生管理)	取り扱う食品の特性等に応じた取組(HACCPの考え方を取り入れた衛生管理)
コーデックスのHACCP 7原則に基づき、食品等事業者自らが、使用する原材料や製造方法等に応じ、計画を作成し、管理を行う。 【対象事業者】 ◆ 大規模事業者 ◆ と畜場[と畜場設置者、と畜場管理者、と畜業者] ◆ 食鳥処理場[食鳥処理業者(認定小規模食鳥処理業者を除く。)]	各業界団体が作成する手引書を参考に、簡略化されたアプローチによる衛生管理を行う。 【対象事業者】 ◆ 小規模な営業者等

厚生労働省ホームページより

これに伴い、事業者が具体的に実施すべきことは厚生労働省のホームページ(HP)に以下のように示されている。

小規模営業者等は、業界団体が作成し、厚生労働省が内容を確認した手引書を参考にして以下の1～6の内容を実施していれば、法第50条の2第2項の規定に基づき、「営業者は厚生労働省令に定められた基準（一般衛生管理の基準とHACCPに沿った衛生管理の基準）に従い、公衆衛生上必要な措置を定め、これを遵守している」と見なします。

1. 手引書の解説を読み、自分の業種・業態では、何が危害要因となるかを理解し、
2. 手引書のひな形を利用して、衛生管理計画と（必要に応じて）手順書を準備し、
3. その内容を従業員に周知し、
4. 手引書の記録様式を利用して、衛生管理の実施状況を記録し、
5. 手引書で推奨された期間、記録を保存し、
6. 記録等を定期的に振り返り、必要に応じて衛生管理計画や手順書の内容を見直す

ここに記されている「業界団体が作成し、厚生労働省が内容を確認した手引書」「衛生管理計画」「手順書」について以下に説明する。

① 業界団体作成の手引書：厚生労働省確認済の業種別の手引書は同省HPに掲示されている。飲食店なら「小規模な一般飲食店事業者向け」、朝食・夕食を提供する宿泊施設なら「旅館･ホテル向け」、惣菜店 / 工場であれば「小規模な惣菜製造工場向け」のHACCPの考え方を取り入れた衛生管理の手引書である。病院、介護施設、社員食堂等の給食施設については厚生労働省の「大量調理施設衛生管理マニュアル」がすでにHACCPの考え方を取り入れて作成されているので、そのマニュアルを守れば良い。ただし、これらの手引書は、従来調理（当日調理）を前提としているのでこの本の主題であるクックチル、クックフリーズの衛生管理には足りない部分がある。それを補うには、クックチルを主たる調理法とする「医療・福祉施設を対象とするセントラルキッチン向け」および「セントラルキッチンから食事供給を受ける医療･福祉施設（SK）向け」の両手引書を参考にすることになる。以後、各々「CK向け」、「SK向け」と記す。

② 衛生管理計画：食品を取り扱う作業において、何をどのように管理するか、どのような記録を残しておくかを具体的に記した計画書であり、物（食品と器具など）と人（食品取扱い作業従事者）の管理要領を決めた文書である。なお、厚生労働省が「大量調理施設衛生管理マニュアル」を衛生管理計画として認めているので、すでにこのマニュアルを遵守している施設については、クックチル調理の部分だけの衛生管理計画を作成して追加する必要がある。

③ 手順書：食品取扱いを衛生的に行うための作業手順とルールを記した文書であり、これを基に作業をすることにより衛生的であることを保証できることになる。
（手順書＝SSOP、SOP）

第4章—4

HACCPの考え方

本項は、クックチル、クックフリーズの衛生管理においてのHACCPの考え方を理解するためにある。以下は医療福祉セントラルキッチン向けのHACCP手引書から抜粋して引用した。

通常、クックチル、クックフリーズ等は前日までに加熱冷却するので従来調理(当日調理)に比べて、温度と時間に関して管理することおよび記録すべきことが多くなる。HACCPの考え方を取り入れると第4章2項で示した原則1～7までを実施することになる。その中で原則1～5については、下表中に破線で囲み、表4-1で具体的に説明する。

危害要因は、生物的、物理的、化学的の3要因に分かれるが物理的および化学的危害要因は、表中の5SおよびSSOPにより防除できるとみなし、前日までの調理において潜在する生物的危害要因のみの防除について記す。

ここで再びHACCPの12手順と7原則をとりあげる。

1. HACCPチームを編成する
2. 食品の説明・記述
3. 食品の使用方法の明確化
4. 調理工程一覧図、施設レイアウト、標準作業手順書（マニュアル）の作成
5. 調理工程一覧図の現場確認
6. 危害分析を実施 （原則1）
7. 重要管理点（CCP）の設定 （原則2）
8. 管理基準の設定 （原則3）
9. CCPのモニタリング方法の設定 （原則4）
10. 改善措置の設定 （原則5）
11. 検証方法の設定 （原則6）
12. 記録の維持管理 （原則7）

原則1～5までを網羅すると表4-1になる

表4-1　クックチルの工程、CCP、管理基準等（生野菜も事前処理すると想定した）

No.	工　程	危害要因を除去し安全確保する方法	管理基準（CL）	モニタリング方法	是正・措置
1	原材料の受入	作業環境の5S、SSOP遵守および原材料の温度管理	重要管理点（CCP）でない原材料受入から下処理までで記録すべきこと、守るべきことは温度等の記録表およびSSOPに従うこと		
2	保　管	保管環境の5S、SSOP遵守および原材料の温度管理			
3	下処理	作業環境の5S、SSOP遵守および下処理中の温度・時間管理			
4	生食提供の野菜殺菌処理CCP	殺菌液への浸漬	次亜塩素酸ナトリウム希釈液100ppmで10分間以上の浸漬*	次亜塩素酸Na濃度チェックとタイマーで計時	低濃度の場合は濃度調整浸漬時間不十分なら再度10分間以上浸漬する
5	加熱―CCP1	加熱終了時温度・加熱時間を管理	75℃、1分間以上**	中心温度を測定	加熱継続または廃棄
6	急速冷却―CCP2	短時間冷却と冷却終了時温度を管理	加熱終了から30分以内に冷却を開始し、90分以内に0～3℃に到達させる	中心温度を測定（冷却時間は時計で計測、記録）	再度加熱・急速冷却または廃棄
7	ピッキング（提供先別仕分け）	作業環境の5S、SSOP遵守および作業中の温度・時間管理	重要管理点（CCP）でないピッキングから出荷までで記録すべきこと、守るべきことは温度等の記録表およびSSOPに従うこと		
8	製品保管	保管環境の5S、SSOP遵守および製品保存中の温度管理			
9	必要に応じて搬送	作業環境の5S、SSOP遵守および温度管理			

*電解水などを使用して殺菌する場合は、実証された効果に基づく使用法で行うこと。
**実際の作業上、75℃以上の測定は容易であるが、毎回1分間以上の計測と記録は困難であり、「75℃を超えて80℃近くになっている場合は加熱終了とし、75℃または75℃を少し超える場合は、加熱を1分間以上継続すること」とします。
医療・福祉CK向けの「HACCPの考え方を取り入れた衛生管理の手引書」から引用

5S：整理・整頓・清掃・清潔・習慣の頭文字の「S」をとって「5S」と名付けられた。

表4-1は、SSOPと5Sがいずれの工程でその役割を果たしているかを知り、そしてCCPは数値（管理基準）により監視・管理（モニタリング）され、設定した基準をはずれた場合は是正・措置が必要であることを理解してもらうためのものである。

調理現場においてクックチル等を利用する場合の衛生管理で取り組まなければならないことは、5SとSSOP、SOPが定めるルールまたは手順に取り決められたこと（例えば床清掃や機器洗浄）を適切に実施したことを記録する実施チェック表を作成し記録すること、CCPのモニタリングにおいて温度や時間を記録すること、異状値が測定された時には報告、是正などの措置を講じることである。

定期的な見直し「検証」 — 原則6

表4-1の中で重要管理点（CCP）とされる生野菜の消毒、加熱、急速冷却の3つの工程において、日常的または定期的に確認する事項を明確にして、HACCPが正しく機能していることを保証するための検証をする。例を下表に示す。

工程	生野菜消毒			
検証No.	内容	担当者	頻度	記録名
検証1	次亜塩素酸溶液濃度が正しいか確認する		1回/日	消毒液チェック表
検証2	決められた時間以上の浸漬が実施されたか確認する		1回/日	消毒液チェック表
検証3	設定された濃度と浸漬時間で処理された製品に食中毒菌がいないこと、一般生菌数が基準内であることを確認する		1回/月	細菌検査結果

工程	加熱			
検証No.	内容	担当者	頻度	記録名
検証1	中心温度と時間が達成されているか確認する		1回/日	加熱記録
検証2	温度計の校正がされているか確認する		1回/月	校正記録
検証3	実施された改善措置が適切で、その後同様の不適合事案が発生していないか確認する		実施の都度速やかに	改善措置記録
検証4	設定した加熱温度と時間で処理された製品に食中毒菌がいないかを細菌検査により確認する		1回/月	細菌検査結果

工程	急速冷却			
検証No.	内容	担当者	頻度	記録名
検証1	冷却終了時の中心温度が達成されているか確認する		1回/日	冷却記録
検証2	温度計の校正がされているか確認する		1回/月	校正記録
検証3	決められた時間内で冷却が終了しているか確認する		1回/日	冷却記録
検証4	時計またはタイマーの校正がされているか確認する		1回/3カ月	校正記録
検証5	実施された改善措置が適切で、その後同様の不適合事案が発生していないか確認する		1回/3カ月	改善措置記録

3表は、 医療・福祉CK向けの「HACCPの考え方を取り入れた衛生管理の手引書」から引用

記録の維持管理 — 原則7

記録は問題があった際の原因調査と素早い対応の備えとなる。適切な記録と確認はその工程に問題がなかったことを証明することにつながるので、疎かにすることがあってはならない。担当者は正しい測定と記録を心がけ、管理者は記録が常に適正であり、工程や作業方法にも問題がないかを記録を通して見る目をもつことが重要である。記録の保管期間は1年間とする。

4章—5 HACCPの考え方を取り入れた衛生管理で実際に行うこと

前項まで考え方を説明したので、次は実施すべきことを具体的に記す。測定・記録すべき事項としては、従業員の健康点検表、使用水点検表、食材受入チェック表などがあるが当日調理においても必要な項目は省略し、クックチル（またはクックフリーズ）など前日までに調理する方法においてのみ生じる必要な測定・記録表（例）を以下に示す。（事前の生野菜処理を含む）

表4-2　生野菜の消毒液濃度・浸漬時間記録表
表4-3　加熱と急速冷却の記録表
表4-4　製品冷蔵庫・冷凍庫温度記録表
表4-5　保存中製品温度記録表
表4-6　再加熱終了時の中心温度記録表
表4-7　再加熱カート 中心温度記録表
表4-8　食品温度計の定期点検記録

測定および記録については、上記の通りであるが、前項（4-4）の表4-1に記した作業・保管環境の5Sの実施、および必要に応じてSOP、SSOPを作成し、決められたすべての作業と衛生ルールを遵守することは言うまでもないことである。

記録表（例）の出所：
表4-2～4-5は医療・福祉CK向けの「HACCPの考え方を取り入れた衛生管理の手引書」から引用、表4-6～4-8は医療・福祉施設SK向けの「HACCPの考え方を取り入れた衛生管理の手引書」から引用した。（SK＝サテライトキッチン）

表4-2　次亜塩素酸ナトリウム溶液の濃度・浸漬時間記録表（例）

年　月　日

責任者	衛生責任者

野菜および果物を加熱せずに供する場合は、流水で十分洗浄し、次亜塩素酸ナトリウム 100 ppm 溶液に 10 分間以上の浸漬殺菌をした後、十分な流水ですすぎ洗浄をする。
（200 ppm 溶液に 5 分間の浸漬も同等の殺菌効果あり）

No.	品　　名	100 ppm 濃度チェック	浸　漬　時　間		担当者	濃度・時間が規定外の場合の措置
			開始時刻	終了時刻		
特記事項						

表4-3　加熱調理と急速冷却（冷凍）の記録表（例）

年　月　日

責任者	衛生責任者

（重要）加熱は、食材中心部で 75℃、1 分間以上を必須とするため、測定値が 75℃を少し超える程度の場合は加熱を 1 分間以上継続すること

No.	メニュー名（該当バッチのパン数）	加熱終了時温度	担当	冷却開始時		担当	冷却（冷凍）終了時		担当
				温度	時刻		温度	時刻	

加熱終了後 5 分以内に冷却を開始する場合は冷却開始時の温度測定は不要とする。
温度は３点以上測定してすべてが７５℃以上の温度であることを確認の上、そのうち温度が低いほうの２点を記録すること。

表4-4　製品冷蔵庫・冷凍庫温度記録表（例）

年　月

責任者	衛生責任者

温度は午前１回、午後１回の計２回、決められた時刻に記録すること。
測定時刻：　午前　　　　　　　午後

日	製品冷蔵庫		製品冷凍庫		記入者
1					
2					
3					
4					
5					
6					
7					
8					
特記事項					

表4-5　保存中のクックチル食品温度（例）

クックチル食品は芯温で０～３℃であること

責任者	衛生責任者

年

月　日	時　刻	製品名 （メニュー名）	芯　温	担当	月　日	時　刻	製品名 （メニュー名）	芯　温	担当

①　毎日、午前午後各１回、２品ずつ測定記録のこと。
②　真空パックした食品は２つの袋で温度計測定針をはさんで測定のこと。

表4-6　再加熱時の中心温度記録表（例）

再加熱終了時の中心温度は、３点以上測定し、すべてが 75℃以上であることを確認し、そのうち最も温度が低い１点と終了時刻を記録する。

責任者	衛生責任者

年　　月

日	メニュー	再加熱終了時の料理中心温度			報告事項 またはコメント
		時刻	温度	担当者	

特記事項

表4-7　再加熱カート方式、再加熱時の中心温度記録表（例）

中心で 75℃以上であることを確認して、その温度を記録する。
（75℃未満の場合は、再加熱を継続して 75℃以上にする。）

責任者	衛生責任者

年　　月

日	カート No.	メニュー	再加熱終了時の料理中心温度			報告事項 またはコメント
	上から○段目		温度	時刻	担当者	
		主食：				
		主菜：				
		副菜：				
		汁物：				
		主食：				
		主菜：				
		副菜：				
		汁物：				

注意：温度が上がりにくいステーションまたは再加熱カートがあれば、それを測定対象にする。同様に、たとえば 20 トレイ収納（10 段×複列）のカートで、昇温しにくいところが 10 段目（最下段）であれば、そのトレイ上の食品温度を測定する。
大切なことは、多数の箇所（トレイ上の食品）を測定することが良いのではなく、少ない測定数で全台数について、カートの上段から下段まですべての食品が 75℃以上になっていることを保証できる方法を見出すこと。
なお、調理工程および冷蔵保管、配送において一定の条件を満たしていれば、65℃以上で再加熱することが認められている。（第５章３を参照）

表4-8　食品温度計の定期点検記録（例）

毎月点検のこと

責任者	衛生責任者

年

月　日	温度計No.	0℃（氷水での指示温）	100℃（沸騰水での指示温）	担当	月　日	温度計No.	0℃（氷水での指示温）	100℃（沸騰水での指示温）	担当

備考欄

氷水と沸騰水で校正する方法の他に、標準温度計を用いる校正方法がある。

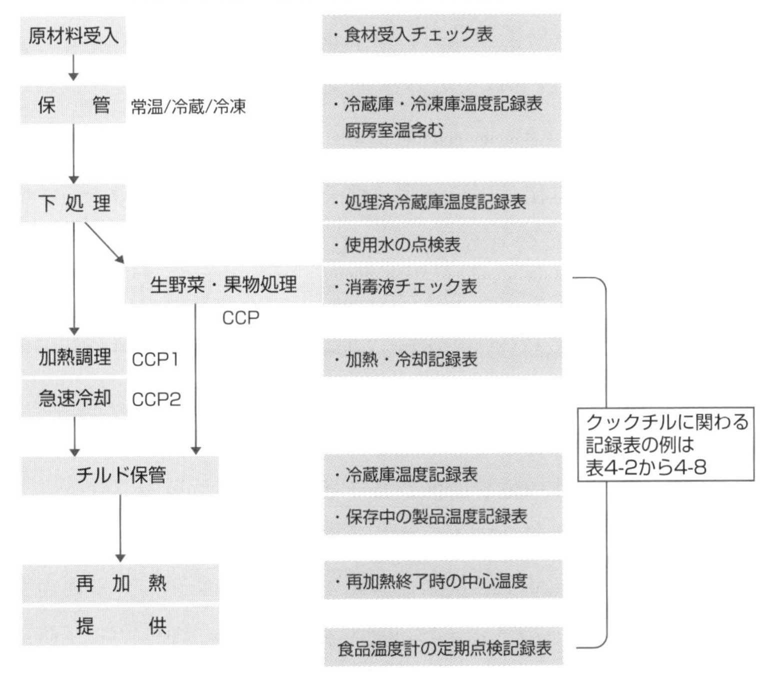

製品冷蔵庫温度と製品温度は別個に記録するとしているが、冷蔵する時間が長く、食品と冷蔵庫内が同じ温度になることを検証しているなら冷蔵庫温度のみで良い。

再加熱について

再加熱終了時の中心温度は75℃、1分間以上である。ただし、加熱調理・急速冷却から再加熱直前までの保存で一定の条件を満たせば65℃以上であれば良い。その条件は第5章の3項に記す。その条件を要約すると、清潔で食品汚染をしない調理環境で、クックチルの温度・時間を中心とするルールを守れば65℃以上で良いと認められている。

SOP、SSOPは必要です

順序が後になったが温度・時間等の記録と同じく重要なSSOP（衛生標準作業手順書）について記す。これは第4章の2項にHACCPシステム構築のための第2段階として記しているもので、SOP、SSOPを作成整備し、日常の作業でそれを遵守することにより防ぐことができた食中毒事例が数多くあることを知って欲しい。表4-9に目次（例）を示す。この例はある大量調理の厨房で実際に使用されているSOP、SSOPの目次であり多数の項目からなっているが、中小規模の厨房では使用している機器数によって項目数は減ることになる。できるだけ簡潔に必要項目のみを文書（マニュアル）にすることが良いが従業員数が多いところ、頻繁に新しい従業員が入るところでは、毎回すべてを口頭で教えることには無理があり多くの項目を網羅することになる。

SOP、SSOPの内容詳細については日本医療福祉セントラルキッチン協会が作成し、厚生労働省のホームページに公表されている医療福祉セントラルキッチン向けのHACCP手引書を見ていただきたい。

表4-9　標準作業手順書・衛生標準作業手順書（SOP・SSOP）の例

A.　人に関する項目

- A1　健康管理
- A2　更衣・厨房入室
- A3　手洗い
- A4　トイレ使用時
- A5　製品運搬時管理
- A6　事故発生時対応/製品回収
- A7　納入業者等の健康管理
- A8　トイレの清掃
- A9　下処理作業における重点管理
- A10　加熱・冷却作業における重点管理
- A11　ピッキング作業における重点管理

B.　食材に関する項目

- B1　野菜の入荷から下処理まで
- B2　生野菜・果物の入荷から下処理まで
- B3　魚介類の入荷から下処理まで
- B4　肉類の入荷から下処理まで
- B5　鶏卵の入荷から下処理まで
- B6　牛乳・乳製品の入荷から保管まで
- B7　豆腐および畜肉・魚肉加工品の入荷から下処理まで
- B8　常温加工品（缶詰・乾物）の入荷から下処理まで
- B9　冷凍品の入荷から下処理まで
- B10　開封後の食材保管・管理
- B11　揚げ油の管理
- B12　廃油の保管管理
- B13　検食（調理冷却済）の管理
- B14　使用水の管理

C.　機器、器具および洗剤に関する項目

- C1　包丁
- C2　まな板
- C3　レードル・へら・ボウル・ザル
- C4　ふきん
- C5　作業台・調理台
- C6　シンク
- C7　カッターミキサー
- C8　ハサミ・缶切り
- C9　ホテルパン
- C10　スポンジタワシ
- C11　中心温度計の消毒
- C12　洗剤の管理

D.　厨房（建物）に関する項目

- D1　厨房の衛生維持
- D2　床・壁
- D3　グリーストラップ
- D4　側溝・排水マス
- D5　ゴミ箱
- D6　フード
- D7　電気、照明
- D8　廃棄物の搬出とゴミ庫
- D9　ドアノブの消毒
- D10　そ族・害虫対策

E.　メーカーマニュアルを参照する機器類

冷蔵庫、冷凍庫、包丁・まな板殺菌庫、スチームコンベクションオーブン、ブラストチラー、氷水冷却機、製氷機、真空包装機、洗浄機などは各メーカーの保守清掃マニュアルを利用する。
マニュアルの該当ページをコピーして作業場に掲示すること。

第5章

クックチルシステムの導入を成功させるために

導入時に苦労した経験を有しているのは貴重なことである。また、導入時に何らかの理由により行き詰まり、途中でクックチルを諦めた例を見聞することもあった。これらの経験と見聞はすべて財産であり、同じ過ちを繰り返さないために、より良い計画と適切で効率的なスタッフ教育をするために役立つことになる。よく読んで欲しい章である。

第5章—1

過去の苦労例、失敗例

クックチル導入計画の際に、クックチル調理のトレーニングにおいて、そして調理生産開始時（立ち上げ時）に苦労した例がいくつもある。筆者自身が関わったプロジェクトで失敗例はないと自負しているのですべて苦労例になるが他人が評価するとそうではないかも知れない。以下に関わって苦労した例および見聞きした失敗例を挙げるので轍を踏まないようにされたい。

1 導入目的を周知徹底しなかった例

院長指示でクックチルを導入しようとしたが、目的を全スタッフに周知徹底しなかったために、半年を待たずに従来調理に戻ってしまった。その病院の調理師は、加熱調理⇒急速冷却⇒冷蔵⇒再加熱のプロセスの中で急速冷却⇒冷蔵⇒再加熱を単に余分な手間として解釈して、厨房を新築する以前の方法である従来調理に戻してしまった。この原因は以下のように推測する。この例はスチコン再加熱のクックチルであり、再加熱カート並みの適温提供はできず、従来方法よりは適温に近くなるが中途半端なためにクックチル導入の意味が曖昧になったと思われる。スチコン再加熱のクックチル導入の目的は食事の安全面から見ると、少量多品種の治療食を含めてすべての患者食を調理後2時間以内に食べてもらおうということである。中～大規模の病院では従来調理のみなら特に治療食が2時間超になる傾向があるので心配である。この場合、クックチル導入は温度管理の連続化であり、短時間であっても室温に置かないようにできるのがクックチルである。再加熱後2時間以内ですべての食事を提供できるようになる、安全性アップが目的であるということを周知徹底して、調理師だけでなく全スタッフに納得させておけば失敗はしなかったはずである。

2 厨房レイアウトに大きな無理があった例

是非導入したいと施主から協力依頼があったが断らざるを得なかった例はいくつかあり、その一つを紹介する。大手金属メーカーの500食／日の社員食堂で厨房を改築してクックチルを導入したいとの話があり訪問した。厨房現場を見せてもらい、交叉汚染防止のためにレイアウト変更が必要であることがわかった。クックチルした料理をチルド庫に入れるために料理を積載したカートを下処理域を通過させなければならないのである。下処理域を別の所に移すには建物を一つ増築しなければならず、施主側は下処理域をそのままにしてクックチルを導入したいと主張するので、協力できないと断らざるを得なかった。下処理域を通す際には汚染しないように十分な注意を払えば良いのではとの意見があったが、潜在的に大きな危険が継続的にあること、調理スタッフの教育を重視していないように見えたことで否定的な結論を出さざるを得なかった。

3 ブラストチラーを必要台数買わなかった例

約 60 ヶ所の社員食堂に昼食を配送する日産 7,000 食のクックチル調理センターで計画時に大型のブラストチラーが 4 台必要と算定されたが、予算面で苦しく 2 台しか購入しなかった。筆者は冷却に問題が出ることを訴えたが、氷水冷却機が別にあることも理由にして 2 台で押し切られてしまった。稼働を始めると、ブラストチラーの前で冷却待ちが定常的にある状態で後悔することになった。その後サテライトが必要とする食数が 4,000 食まで減り問題は解消した。クックチルに取り組み 5 年目の良い勉強になるプロジェクトであった。

この事例から得た教訓は、「冷却機＝ブラストチラーは必要と算定された台数を必ず買いなさい」というものであった。加熱調理については、使用頻度がかなり低い機器が設置されている厨房をしばしば見る。中には全く使用されていない機器も珍しくない。おそらく調理メニューから厨房計画をするのではなく、食数だけで機器と台数選定をする厨房メーカーが設計して納入設置したのであろう。調理の中心となる釜もガスレンジも余裕を持った台数が設置されていることが多いことから、スチコンの台数を少し減らしても他の加熱機器で代替できるように思われるが、ブラストチラーは代わりになる機器がない。

4 ホテルパンの洗浄を考慮しなかった例（苦労例）

クックチルの加熱調理ではスチコンを焼く、煮る、蒸す、炒める、でフル活用することが冷却への移行を楽にするだけでなく、容器を移し換えないので衛生的にも安全となる。結果として使用するホテルパン枚数が増えることになり、その洗浄を考慮しなければならない。枚数は例えば病院、社員食堂などの給食分野で1,000食なら約100枚、5,000食なら約500枚となるが、チルド保管のために蓋を使用するので各々2倍の200枚と1,000枚になる。手洗いで処理できる枚数ではないので、計画の段階で洗浄機を考慮しておく必要がある。

5 ブラストチラー、冷凍モードからチルモードへの変更に苦労した例

大型ブラストチラーを複数台使用しているセントラルキッチンに指導に入った際、すべてのブラストチラーを冷凍モードで使用していることに気がついた。食材がほとんど凍っている、または半凍結で冷却を終了していたので、品質（食感）は言うまでもなく問題あり。

調理師に「なぜか？」と聞くと、「チルモードで冷却すると定時に仕事が終わらない」との返答があった。−20℃設定であり、クックチル調理ではなくこれでは品質に問題あるので、チルモードでも3℃までの冷却時間は変わらないと説得を試みたが、調理師は言うことを聞いてくれなかった。その調理師は現場の責任者であるので、私がいったん引き下がることになった。何日か作業を観測し、問題があることを確信した上で、2台のブラストチラーは私にまかせてくれないかと頼み込み、その2台をチルモードに変更して冷却を自分自身で担当した。何週間も費やしていろいろな食材で冷却をして、3℃までの時間をその調理師に伝えて冷却時間が変わらないと証明することができた。納得させるのに3カ月かかり、その後は全機をチルモードでの運転に変えることができた。

その後毎月の電気代を調べ、過去の電気代とチルモードに変更後の電気代を比べると、約10%の電気代を節減できたことが判明した。この節減額は45万円/月であった。

冷凍モードにしても食材の中心を3℃にするためのスピードアップにはつながらず、食材によっては表層が凍ることにより冷却が滞ることを証明したことになった。

5章—2

成功に導くために

給食または一般飲食、そして食数規模によっても内容や期間が異なるが、クックチルで調理生産開始するまでの事前トレーニングは必須である。これを計画的に行わず、またはおろそかにした場合は円滑な立ち上げができなくなる。生じる問題としては、料理品質に問題が出る、食事提供が遅れ気味になる、間違った食事が提供される、そして終業時刻が深夜になりその状態が続くといったことなど、食事をするお客様だけでなく、調理スタッフも不健全な運営状態によりストレス過大な状態に陥る。事前トレーニングする項目を箇条書きにすると、

① スチームコンベクションオーブンの使用法習熟

煮る、蒸す、焼く、炒める、を自在にできるように、様々なメニューを繰り返し調理して安定した美味しさを提供できるように体得すること。

② ブラストチラーの使用法習熟

様々なメニューに応じて、凍結させないように最短時間で3℃以下まで冷却することを体得すること。各社のブラストチラーの特徴と複数種類ある冷却モードを理解して、冷却するメニューに最適なモードを使用すること。

③ 再加熱カートまたはスチコン再加熱の習熟

一次加熱と冷却では、美味しくできあがっている料理を再加熱で不味くしているサテライトを見ることがある。主たる原因は過熱（オーバークック）である。

再加熱カートには、熱風式、熱伝導式、マイクロ波加熱式の３つの方式があり、その特性を知って加熱温度や盛り付け方法を決めないと美味しく再加熱できない。

スチコン再加熱も同様に使用する加熱モード、設定する温度と時間等の最適条件を探り決めなければならない。

また、以下はトレーニング以外であるが準備段階の重要点として、

④ クックチル調理のリーダー選定を適切に

これまでの調理現場のリーダーをクックチル導入後も調理のリーダーにして良いかどうかから始まる。従来調理で長年経験を積んできたシェフや調理師がクックチルに馴染まないことはよくあることである。まずスチコン調理に積極的に取り組めないという人は適さない。次にはいったん加熱調理したものを冷却することに抵抗を示す人がいる。クックチル調理に最適なメニューを適切に急速冷却した料理は美

味しい。仕事を楽にしようとクックチルメニューを広げていく時に、受け入れることができないメニューが出てくる。この場合、新たな課題を否定から始める人はリーダーとして適切でないかも知れない。どのようにレシピ（調理手順、使用食材等）を変更すればそのメニューを美味しく提供できるかを考える人が適している。クックチル導入の目的は食の安全性確保、時間に追われることを軽減すること、適温提供、そして人件費の低減もある。様々な問題解決が目的である。その目的に向かって一緒に進めないのであれば、チームから外れてもらうしかない。

加熱調理でできあがった料理は急速冷却により美味しくなることはない。急速冷却はできあがった状態を保持する方法である。したがって従来調理で美味しい料理を作れない人は、クックチルでも美味しい料理は作れない。調理の基礎ができていて、調理を科学的に見ることができる人、チャレンジする心を持った人に調理のリーダーになって欲しい。

⑤ クックチルと真空調理の使い分けを適切に

真空調理を広範囲なメニューに使おうとして苦労している例をいくつか見てきた。大量調理の加熱調理方法としては煮る、焼く、蒸す、揚げる、炒める、の5つの方法があり、その中で真空調理できるのは煮ると蒸すだけである。広範囲なメニューを真空調理することには無理があり、また、一度に数百食以上提供するとなると、真空包装は手間がかかり過ぎる。筆者が関わった給食分野でのプロジェクトでは、真空調理は行事食の肉料理など一部の料理にとどめている。現在、レストランやホテル宴会においても、多くの場合は真空調理できるメニューをすべて真空調理するのではなく、肉、魚料理など真空調理の利点を明確に出せるメニューに限って利用されている。

再加熱の重要性とサテライトの役割

再加熱の方法としては、熱風式、熱伝導式、マイクロ波加熱式、誘導加熱式がある。そして熱伝導方式には、真空調理など袋に入った食材を加熱する湯煎方式と食器または容器の底から食器または容器を介して加熱する電熱ヒーター方式がある。また、熱風を吹き付けて加熱する熱風方式は、さらに乾熱と湿熱に分かれる。各々の方式には長所短所があり、また、料理メニューによって適、不適があることを知って利用することになる。なお、鍋や釜に食材を入れて（戻して）再加熱する方法もあるが、ここでは論じない。

再加熱を適切にすることは、クックチルされた料理を最適な状態で提供するために非常に重要である。再加熱方法の選定、再加熱の温度と時間を間違うと美味しくクックチルされた料理は死んでしまうことになる。間違いは大きく分けて２つある。一つはしっとり感が欲しいもの、逆にパリッとクリスピーに仕上げたい料理を各々逆に仕上げてしまうこと、もう一つは肉、魚、卵などタンパク質系の食材の温度を上げすぎて固く仕上げてしまうことである。

しっとり感またはクリスピーな仕上げは共にスチームコンベクションオーブンを正しく使えば問題なく実現できる。肉、魚などタンパク質系の食材を柔らかく再加熱するには中心温度を上げすぎないようにすることである。

計画から立ち上げまでを手伝った病院食の調理センターでの経験を紹介する。病院と特養など３ヶ所のサテライトに食事供給する調理センターから、不思議なことがあるから来て欲しいとの要請があり訪問した。不思議なことというのは同じ料理を提供しているのに２ヶ所のサテライトで肉、魚が固いとの評価で１ヶ所だけが柔らかい、との異なる評価になっていること。多分再加熱温度であろうと３ヶ所の再加熱後の中心温度記録を見せてもらうと予想通り、固いという評価の２ヶ所は中心温度が85～90℃を超える温度であり、柔らかいという１ヶ所は75～80℃くらいであった。すぐに直してもらい解決できた問題点がわかり易い例であった。美味しく調理する３つの温度を知っておくべきである。それらは以下の通りである。

92℃　⇒　野菜類が持つセルロースが柔らかくなる温度
68℃　⇒　タンパク質の分水作用が始まる温度
62℃　⇒　タンパク質が凝固を開始する温度

先の肉、魚が固くなった例は62℃を超えて長い時間にわたって加熱が続いたことで凝固して内部の水分も出てしまったことによる。ついでながら、学校や病院などの給食調理でノロウイルス対策としてすべての料理の中心温度を85℃以上にしているところがあるが実際には90℃を超えることも珍しくなく、柔らかさ、美味しさをダメにしてしまっているのである。これでは食育など論じることはできないのではないだろうか。ノロウイルス対策としては、持ち込まない、汚染しないを基本として調理をはじめとして食品を取り扱うスタッフ自身の日常の健康管理を十分にすることにより安全確保に万全を期して欲しいと思う。

サテライトの運営はマニュアルがあれば円滑運営できて美味しく提供できるという解釈は間違っている。衛生面だけについて言えば複雑な作業がないことからマニュアル通りにすれば問題は起きず安全な料理を提供できるであろうが、提供時の料理の見栄えと美味しさはサテライトを担当するスタッフの判断や機転が大きく左右する。

サテライトの課題としては以下のようなことがある。

・ セントラルキッチンでは料理を盛り付けた状態での見栄えまで考えていないことがある。
・ 複数あるサテライトで使用する食器が統一されていないことがある。
・ セントラルキッチンから温菜として配送された食材（特に副菜）を必ずしも温菜として提供すべきかどうか疑問を生じることがある。
・ 病院サテライトでは患者の食事変更になることがある。
・ サテライトの判断で刻みやミキサー処理をすることがある。

もちろんセントラルキッチンの指示を仰がないと判断できないことも多くあるが、サテライト担当者は盛り付ける食器を選び、設置されたスチコンの容量と台数を考えて、再加熱から盛り付け、提供までを担当する。できる限り美味しく見えるように盛り付けて、適温提供することに大きな責任がある。提供直前の演出をするのである。

フードサービスは、メニューとレシピを考え、食材を選び、調理をして、食器を選び、盛り付けして、笑顔で提供するという一連の仕事になるのであるが、食器選びから提供までサテライトは美味しさの半分を受け持っているといっても過言ではないだろう。

2022年7月に一般社団法人日本医療福祉セントラルキッチン協会が作成し、厚生労働省が内容確認の上で、厚生労働省のホームページに公表された、クックチルのサテライト向けの「HACCPの考え方を取り入れた衛生管理の手引書」では、一定の条件を満たしていれば再加熱終了時の中心温度は65℃以上であれば良いと記されている。

それまでクックチルの再加熱は75℃、1分間以上とされてきたことを変えたルールである。75℃にこだわったためにせっかく最初の加熱調理で美味しく柔らかく仕上がった肉や魚料理が固くなったり、小さいポーションが過加熱になること、さらには300gを超えるお粥の再加熱に時間がかかり過ぎるという諸々の不都合、不便を解消したことになる。

一定の条件とは、「調理過程において、食品を汚染させない清潔な環境で衛生的な作業手順を守り、加熱から急速冷却、そしてその後の冷蔵保管についてクックチルのルールに完全に従った工程を経ていること。具体的には75℃、1分間以上の加熱後30分以内に冷却を開始し、冷却開始から90分以内に3℃以下に到達させる急速冷却をしていること、さらにはその後の冷蔵保管を3℃以下にしていること」*である。

この新しい再加熱の温度ルールが認められた背景には、セントラルキッチンをはじめとする病院や介護施設など、衛生的にクックチル調理をしている施設において、院外調理が認可されて以来20年を超える間、クックチルした冷菜が（再加熱せずに）安全に提供され続けてきたという実績があり、また、少なくない数の施設が加熱・冷却して数日以上冷蔵した食品について、菌検査をして科学的に安全であるということを実証してきたことがある。

65℃で良いなど、自分たちにとって都合の良いことだけを取り入れず、クックチル調理のルールを再確認し厳しく守っていただきたいと思う。

＊ 一般社団法人日本医療福祉セントラルキッチン協会発行、「セントラルキッチンから食事供給を受ける医療・福祉施設（サテライトキッチン）におけるHACCPの考え方を取り入れた衛生管理の手引書」第5ページより引用

第5章—4

成功か失敗か？

「クックチルの失敗例が多いのでは？」という声を聞くことは少なくない。失敗という言葉以外では「うまくいっていない」という表現もされる。これらを単なる噂話としてしまえば別に気にすることもないが、確証がないのに公の場での発言やインターネットで書き込むことは良くない。

クックチル導入の成功と失敗には定義がいるようである。広辞苑で調べてみた。「失敗」の意味は「やってみたが、うまくいかないこと」と書かれている。したがって、上記のどちらの表現を使われた場合も全く同じことを意味している。

クックチルを導入する前には導入目的を明確にすることが必要である。この目的を達成できているなら成功であったということになる。では目的が適温提供と人件費低減であったとして、結果としてはこれら両方を達成できたが作業が多忙になり労働環境としては厳しくなった、という場合はどうだろうか？　これは一応の成功であるが問題あり、ということになる。このような持続しにくいシステムは続かない可能性がある。導入に成功したが長期間で成功かどうかはもう少し様子を見る必要があるだろう。ここで働く人たちはおそらく職場外の人たちに仕事が大変であることを言い、聞いた人は「うまくいっていない」という評価をする。しかし、クックチルを導入する際には、スチコンのフル活用やブラストチラーという新しい機械を使いこなすという課題の他になれない仕事が増えることになり、それを乗り越えることになると業態や規模の大小などにもよるが、長ければ6ヶ月位は落ち着かない状態が、言い換えれば忙しい状態が続くことがある。この期間をとらえて「うまくいっていない」という表現をされると周りからは失敗という解釈になることがある。

人は他人が新しいことを試みて苦労している様を見聞きすると、それ見たことかというように思い、どこそこは大変であると噂話をしたがる傾向がある。しかし、詳しい内容がわからないのに「うまくいっていない」と言う人が多い。そういう人に限って「どのような状況ですか？」と尋ねると返答が返ってこない。本書の読者に伝えたいことは、そのような話しを聞いた時には、「何がうまくいってないのでしょうか？」と聞くこと、そして導入後は軌道に乗るまでは時間を要することを知っておいて欲しい。

現在はそうでもないが以前は目的を明確に定めずに導入する施設が多かったという印象がある。これでは導入の出発点が間違っていて失敗の元となる。クックチルが問題解決の方法であり、現在抱える問題を分析して、その解決策として導入するのがあるべき姿である。よくある間違った導入方法は、調理現場を知らない、あるいはフードサービスを十分理解していない経営トップが指示して導入する場合で、美味しくない、厨房に人が多すぎるなどの印象を持った経営者が冷静に分析することを怠って感覚的に導入を決める場合である。もちろん経営トップ指示での導入に反対するわけではない。十分に現状を知った上で判断をして欲しいのである。

最近の大病院の厨房計画では、患者食の安全性への不安や適温提供ができていないことを問題視する栄養部門が率先して分析や検討を行い、厨房設備費用が多くかかるクックチル方式の厨房にするために経営企画部門を説得して導入することが増えている。また、必要床面積も広めに必要になるので、病院を新築する際には設計事務所と話し合って床面積を勝ち取らなければならない。黙っていたのではあてがい扶持の狭い厨房になってしまうのである。しかし、設計事務所と説得力をもって話し合うには日常から抱える問題・課題をはっきりと捉えていてクックチルが解決方法であることを説明できる力が必要となる。また、厨房がどうあるべきか、レイアウトや機器選定面からも一定以上の知識を持つことが必要である。自らの知識が十分でない場合は、厨房機器メーカーや衛生関連製品のメーカーからの助言や得た知識をコーディネートできる能力が要求されることになる。

さてもう一度、成功か失敗かの論議に戻ろう。真の意味での成功は当初の目標を達成して、その達成したことに持続性をもてる場合である。美味しく温かい料理を調理長やスタッフの努力で調理提供しているのは高く評価できることであるが、調理長やスタッフが代わった時に同じように美味しく温かく提供できないなら、それはシステム化されていないことになる。クックチルはシステムとして安定して美味しい料理を調理提供するための土台になるもので人が代わっても変動幅をできるだけ少なくできる“システム”である。成功は目的の達成であると前述したが重要なことは持続性があるかどうかである。

図 5-1 に参考としてクックチルシステム導入後の傾向を示す。

多くの物事について言えることは、現状に満足してそれを維持しようとするだけでは色々な意味でレベル低下という結果になる傾向がある。クックチルも同様である。従来調理からクックチルを導入して数か月から長い場合 1 年ほどは新しいシステムに慣れようとし、また円滑な運営を目指して努力を重ねる。そしてクックチルシステム導入の目的を達成し、これで良いという時期が来る。しかし現状維持で満足することは良くない。次の目標を設定すべきである。何かに向かって努力を続けることにより、現状維持もできて、望めばそれ以上のレベルに進むことができる。これで良いと思い立ち止まると知らないうちにレベルは低下するものである。

図5-1　クックチル・システム導入後の傾向

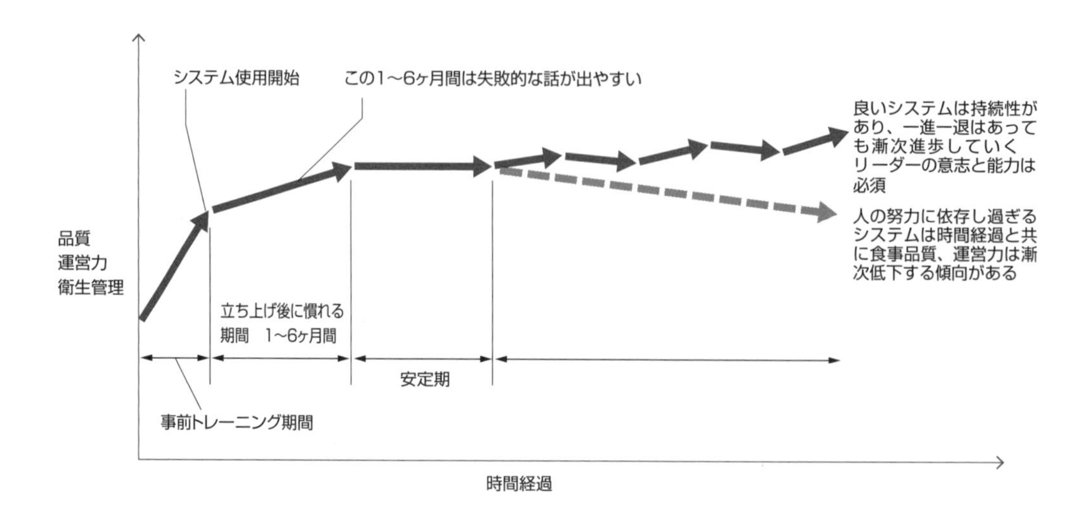

参考までに目標とする例を挙げる。すでに取り組んでいる場合はその進化を目指そう。

・ 現状の5日間を延ばす方法の模索（包装後加熱など）
・ クックフリーズの適用範囲を拡げること、そのための冷凍メニューの開発
・ 真空調理のメニュー開発（主として行事食やケータリング用）
・ TT管理の自動化、IoT化
・ SSOP、SOPの整備・充実
・ 咀嚼・嚥下困難食の研究（医療福祉分野）
・ 作業の省力化・合理化
・ 原材料在庫と発注のシステム化
・ 献立作成の省力化（給食分野）

などがすぐに挙げられるが、食分野や施設によって特有の課題、優先すべきことがあるので全員で話し合い、合意のもとに決めて全員参加で取り組むことが望ましい。

第5章—5 運営の評価

クックチルを導入した施設が成功したかどうかの評価は意外と難しい。システム導入において筆者自ら関わった施設、関係しなかった施設であるが見学をした施設、いずれの場合であっても表面上は円滑に運営されている例を見ることは多い。しかし、真の成功は多いとは言えないのでは、と思うことがある。真の成功を定義すると、以下のようになるのではないだろうか。

① 円滑かつ持続性のある運営をしている
② クックチル導入時に目的としたことが達成されている
③ 食事をする人（お客様）の満足が得られている
④ 調理部門と経営陣の両方がシステム導入をして良かったと評価している

これらのすべてを満たしているなら大成功となるだろう。①②④が満たされていても美味しくないという病院や老人施設がある。なかには導入時に目的が明確でないために②と④について評価に困る病院や施設がある。クックチルを導入する前の厨房状況の分析により、出発点（＝現状）を正しく知り、その時に抱えている問題・課題を解決することを目標点にするとわかりやすくなる。

さて、成功に導くための方法は、周到な準備と人材教育の２つに集約される。準備をする内容は業態、食数規模、解決すべき問題・課題など複合的要因を包括して考えなければならない。なお、周到な準備に含まれることで特に重要なことは、お店や施設の経営者がシステム導入の目的を完全に理解してパート勤務者などを含む関係者全員に目的を周知徹底することである。これを怠ると導入初期のスチコン調理や急速冷却することに慣れていない段階で不満が出て、ルールに従わないスタッフを生み出してしまうことになる。

人材教育が非常に重要である。調理担当なら調理技術の基礎をしっかり身につけることが必須。クックチルはでき立ての美味しさを保持するシステムであり、冷却前に美味しい料理ができ上がっていなければ、それ以上にはならないからである。従来調理で美味しく作る技術が必要である。調理担当に限らず科学的に物事をとらえることができることも必要で、これまで慣れてきた鍋釜を使用する調理をスチコン調理に変える際に、科学的にアプローチすると楽になじめるはずである。さらには調理だけでなく、衛生管理ももちろん科学である。

教育の際に基本的に要求される事項をまとめると、

・経験や勘は重要であるが参考として柔軟に考えること
・食の安全および人の安全に自信を持てないことはしない
・美的感覚を養うこと　⇒メニュー構成と食器選定、盛り付けに良い影響
・調理および衛生管理はできるだけ数値で表せるようにすること　⇒TT 管理
・数値データを重視すること　⇒調理と衛生管理
・迷った時の判断基準は、食べる人、調理する人、経営する人の３視点からのバランスがとれているかどうかである　⇒持続性ある運営と経営
・美味しいとか円滑運営のみで満足することは後退につながる　⇒常に途中段階であり絶えず向上心を持つこと

これまでの経験で感じたことや自らの思いを記したが参考になれば幸いである。

「クックチルを導入しても上手くいっていないところが多いですね」、「クックチルと真空調理を導入した某ホテルの新調理は上手くいってないらしい」という噂を聞くことがある。私は、そういった話はそのまま信じないことにしている。調べると、実際には円滑運営されていて成果を出しているところがあるからである。上手くいっていない、というのは具体性がなく“何が”が欠けている。例えば、導入直後で人手が計画よりも多くかかっている場合などは、円滑運営への途上と解釈できる。この手の「上手くいっていない」には、それを言っている人にクックチル反対という意識があることが多いのではと感じている。

大病院では食の安全性と適温提供でクックチル導入は必須である。ホテルなどの宴会調理では安全性、適温提供に加えて閑忙の平準化ができて経営面から、そして料理の一定品質確保から必要であると考える。社員食堂、老人施設も多彩でセレクトできるメニューを日々提供できること、自由な食事時間にできることなどフレキシブルな食事提供を望むならクックチルを導入すればやりやすくなる。もちろん導入すれば良いことばかりではない。導入のために乗り越えなければならないハードルがある。スチコン調理の習熟や各メニューに適した冷却方法を知ること、従来調理より厳密な衛生管理等々である。利点は広く知られるようになってきているにも関わらずなかなか普及しないのは、２つの理由があると考えられる。クックチル調理を習得するためのトレーニングが必要であることと、従来調理に比べて厨房機器コストが余分にかかることである。

第6章

欧州のクックチル事情

病院、介護施設のフードサービスでは、人件費低減が主要な課題である日本に対して、欧州ではその前に解決すべき課題として安全確保と適温提供がある。規制が少なく強制力のあるルール（法令等）が無い日本では、食の安全性に直結する適温提供は行政機関により指導はされてなく、実際上の義務とはなっていない。

フードサービスシステムや厨房の計画で迷いが生じた時に振り返るのは、原点である欧州のクックチルシステムである。

第6章

欧州で生まれて欧州で発展、普及したクックチルは旧西側諸国を中心として、アメリカ、オーストラリア、そしてアジアではシンガポール、香港など世界で広く利用されるようになっている。筆者は1990年に英国でクックチルの勉強をして、クックチルのシステム作りを本業とするようになってから、たびたび欧州に出張して、英国だけでなく、ドイツ、フランス、スイス、イタリア、オランダでクックチルを利用しているホテル、病院、学校、惣菜工場、社員食堂、レストラン、老人ホーム、集中調理センター（CPU＝セントラルプロダクションユニット）などを多数見てきた。

欧州で注目できることは、導入目的が主に食事の安全性確保とそれに密接な関係がある適温提供であること。もちろん早朝・夜間そして日曜の労働削減、さらには集中調理による人件費削減も導入の目的としてはあるが、導入の最大の理由は食べる人が美味しく食べられる選択肢を持てるよう、調理する人の労働環境をも考えての導入であるように感じた。これは「クックチルで人件費がどれくらい低減できますか？」と繰り返し聞かれる日本と大きく異なることである。

日本では厨房機器についても調理する人が安全に使用できて厨房が暑くなく、仕事がしやすいなどと言っても説得力があまり大きいとは言えず、多くの施設ではそれを導入すればどれだけ人が減るかで購入するかどうかが判断される。食べる人、調理する人、そして経営する人がすべて一定水準以上の満足度を得ることが大切であるのに、適温提供できないのは食べる人に我慢してもらい、厨房環境が劣悪であるのは調理する人に我慢してもらい、より多くの利益が出るように（あるいは赤字幅を減らせるように）と、バランス感覚に欠けるのが日本の“給食”運営と言えるのではないだろうか。

食作りに関わる人たちは、他産業に比べておしなべて低賃金長時間労働を余儀なくされている。欧州の食分野の労働環境を見ると、私たち日本人は世界に誇れる日本の食文化に加え、顧客満足は当然のこととして3Kを脱する食作り環境を調理のシステム化により作る時代が来ていると感じる。

本章では欧州の医療介護系のCPUの新たな方向性について記述する。これまでに英国、オランダ、ドイツ、イタリアなどのCPUを見てきて認識したこととして、治療食の種類が日本よりはるかに少ないことがある。また、日本よりはるかに在院日数が短い急性期の病院をはじめとしてメニューが2週間程度のサイクルになっていることなどから、日本の同種のセントラルキッチンの調理作業の煩雑さと比べられない。参考になることは、交叉汚染防止についての厳格な考え方がレイアウトに表れていること、清掃や洗浄がし易い機器や調理スタッフに過重な労働を強いない機器が使用されていることである。

新たな方向性として紹介したいのは“アセンブルセンター”である。現在、日本の医療介護系のセントラルキッチンはそのほとんどがすべての調理をセントラルキッチン内で行っているが、アセンブルセンターでは90～95%を複数の食品工場からの仕入れに依存していて、残りの5～10%を内製している。内製分は多品種少量ずつの治療食と患者食以外のケータリング用である。

筆者が訪問見学したドイツ、ベルリン郊外の12,000食のアセンブルセンターの概要は以下の通りである。

2007年に操業開始して6病院に合計12,000食／日を供給している。

アセンブルセンターの概要

・年間365日稼働（無休）。
・出荷量の95%は調理済み品の仕入れで5%をセンター内でクックチル調理。
・2,500食×3回＝7,500食は食器に盛付、トレイ組後に再加熱
　カートのシャトルに積載して出荷、1,500食×3回＝4,500食はバルク出荷している。
・盛付・アセンブル用のコンベアは2ラインで2,500食／回のトレイ組をしている。
　1ラインに6名配置。
・盛付とシャトルへの積込みには各回2時間15分を要して、昼食は6：15～8：30、夕食は11：00～13：15、翌日の朝食は17：00～19：15の作業となっている。
・盛付室は10～12℃で管理されている。
・サテライトの平均在院日数は7～8日で3週間のサイクルメニュー。
・再加熱用シャトルのトレイ収容枚数は24枚と36枚の2タイプあり。
・トレイサイズは530×265mmであり、ガストロノーム（GN）サイズよりコンパクトにして1段に3枚のトレイを収容できるようにして、配送コストを3分の1節減している。
・サテライトへの販売金額は1日3食当たり10ユーロであり、別途にCPU建設費（償却費用）を購入する病院側に負担してもらっている。
　（金額は2008年9月時点）

院外、施設外から食事を購入することが数十年前から行われている欧州における院外調理の方式は、筆者が見聞した範囲では以下のように要約される。

① CPU ですべてクックチル生産

② CPU ですべてクックフリーズ生産

③ クックフリーズ品を複数の食品メーカーから仕入れて解凍後、アセンブルして出荷。これは R & D センターと呼称されている。R & D は Receiving & Distribution の略。

④ クックチル品を複数の食品メーカーから仕入れてアセンブルして出荷

日本の病院の平均在院日数は今後も短くなっていくことから考えると、英国やドイツなどと同様にメニューサイクルも短くなることが予想される。さらには病態別栄養管理をしている病院が成分別栄養管理に変わることにより食品工場に発注しやすい環境になっていくと思われる。これらの方向性から日本の将来の患者食を考えると、上記④の院外調理施設が遠くない将来に出現して増えていくのではと想像する。この傾向は、ファミリーレストランが食品工場および自社セントラルキッチンから加工品または調理品の供給を受けていること、ホテルや旅館が朝食や宴会料理の部分を外部から購入していることと同じことである。個々の病院厨房で調理するより、高いレベルで安全で品質も安定していて、購入コストも適切であれば、外部から購入しないという理由は見つからない。英国で院外調理品の購入は普及レベルまで達しているが、それを推進した理由がある。それは英国では食中毒を起こすと調理長自身に罰金が科せられるということである。自ら管理する厨房に衛生上の自信が持てなければ、HACCP で衛生管理された工場または CPU から購入したほうが無難であるということになる。

最後に筆者が考えるクックチル品の仕入れと内製の両方を組み合わせた、日本の病院、介護施設、在宅高齢者を食事供給先とする R & D センターについての構想を図 6-1 に示す。

図6-1　病院食・介護食アセンブルセンターの構想
（英国ではReceiving & Distribution Center = RDCと呼称）

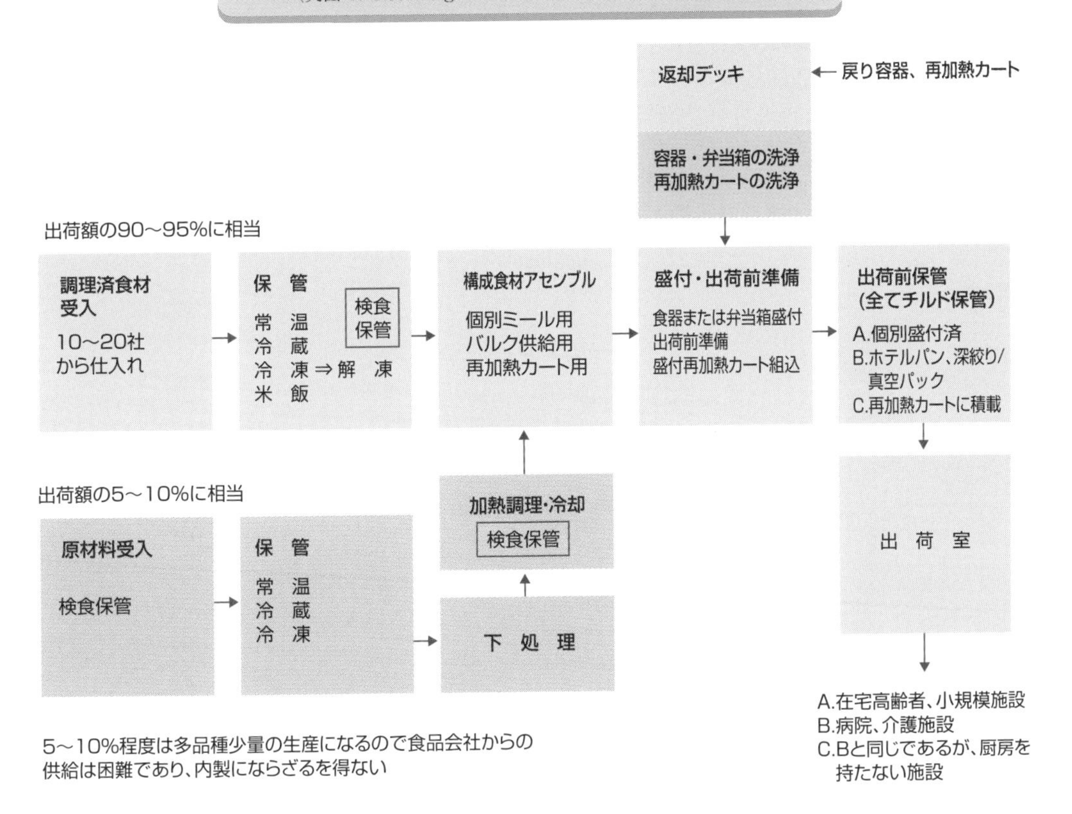

本部機能として（上記の生産組織以外）

- 管理部門（総務・経理）
- 仕入れ統括・メニュー開発
- 品質管理（仕入れ品の検査と内製品の品質管理）

プロフィール　**楠見五郎**

新調理システムコンサルタント
一般社団法人日本医療福祉セントラルキッチン協会理事

工業高専卒業後、製薬会社、商社勤務を経て1987年に厨房業界に入り、1990年に英国に滞在してクックチルとHACCPを学ぶ。帰国後、その当時には国内に調理システムとして存在しなかったクックチルのコンサルティングをはじめる。以後、現在まで30年以上にわたりクックチルシステム構築のコンサルティング、およびHACCPによる衛生管理システム作りを業務として、集中調理センター、ホテル、旅館、病院、高齢者介護施設、社員食堂、レストラン、惣菜工場など多数のプロジェクトに関与した。
共著として、『医療食・介護食の調理と衛生、サイエンスフォーラム』、『給食におけるシステム展開と設備、建帛社』、『医療介護法人のためのセントラルキッチンの計画と運用、幸書房』がある。
1990年代には厚生省の“院外調理の衛生管理ガイドライン”作成の委員、“HACCP試行事業”の委員を務めた。

改訂　フードサービスの課題と
　　　クックチルの活用法

2012年10月15日　初版第1刷発行
2023年 9 月10日　改訂第1刷発行

著　者　楠見五郎
発行者　田中直樹
発行所　株式会社　幸　書　房
〒101-0051　東京都千代田区神田神保町2-7
TEL03-3512-0165　FAX03-3512-0166
URL　http://www.saiwaishobo.co.jp

組　版　デジプロ
印　刷　シナノ

ISBN978-4-7821-0477-4　C2077